Fronteiras da ciência e da fé

Dr. Roque Marcos Savioli

Fronteiras da ciência e da fé

EDITORA Gaia

1ª Edição, Editora Gaia, São Paulo 2006
1ª Reimpressão, 2011

Diretor-Editorial
Jefferson L. Alves

Diretor de Marketing
Richard A. Alves

Gerente de Produção
Flávio Samuel

Assistente-Editorial
Ana Cristina Teixeira

Revisão
Cláudia Eliana Aguena

Capa
Eduardo Okuno

Foto de Capa
Marcia Minillo

Editoração Eletrônica
Antonio Silvio Lopes

Dados Internacionais de Catalogação na Publicação (CIP)
(Câmara Brasileira do Livro, SP, Brasil)

Savioli, Roque Marcos.
Fronteiras da ciência e da fé / Roque Marcos Savioli. – São Paulo : Gaia, 2006.

Bibliografia.
ISBN 978-85-7555-078-6

1. Fé e razão. 2. Medicina e religião. 3. Religião e ciência. I. Título.

06-0081 CDD–215

Índice para catálogo sistemático:

1. Ciência e fé 215

Editora Gaia Ltda.
(uma divisão da Global Editora e Distribuidora Ltda.)
Rua Pirapitingui, 111-A – Liberdade
CEP 01508-020 – São Paulo – SP
Tel.: (11) 3277-7999 – Fax: (11) 3277-8141
e-mail: gaia@editoragaia.com.br
www.editoragaia.com.br

Obra atualizada conforme o **Novo Acordo Ortográfico da Língua Portuguesa**

Nº de Catálogo: **2742**

Fronteiras da ciência e da fé

A Deus, criador de tudo e de todos, que pelo seu Espírito inspirou-me a viver imitando o Seu Filho, Jesus Cristo, o Médico dos Médicos.

Aos meus pacientes e familiares cujo testemunho de vida vem fortalecendo ainda mais a minha fé nos caminhos do Senhor.

Aos funcionários do Instituto do Coração do HC-FMUSP e da Fundação Zerbini, corresponsáveis pela existência deste trabalho.

Aos meus filhos, Caroline, Marcela e Roquinho, e ao meu neto Matheus.

À minha querida e amada esposa Gisela que, de mãos dadas com Nossa Senhora, trouxe-me para a Luz do Senhor, sendo a grande responsável por esse milagre.

Sumário

Introdução

Quando os volumes do meu primeiro livro, *Milagres que a medicina não contou*, chegaram à editora e fui convidado para vê-los empilhados na sala do estoque, confesso que fiquei assustado e preocupado, pois estava colocando minha vida particular em público e também estava abordando assunto muito polêmico, quase um tabu entre a classe médica, tendo em vista a enorme barreira entre a fé e a medicina. O que meus colegas haveriam de dizer? Seria execrado? Não tive como voltar atrás. Já estava tudo pronto para ser distribuído para as livrarias.

Graças a Deus, o livro se tornou um *best-seller* e por isso logo comecei a receber muitos *e-mails*. Muitos colegas, médicos, elogiaram meu trabalho e a coragem de me expor tanto. Nesses *e-mails*, se por um lado fiquei triste ao ver a carência de Deus dos profissionais da saúde, por outro fiquei extremamente feliz ao saber que não estava sozinho nessa empreitada, pois existiam muitos médicos, dentistas, enfermeiros, nutricionistas, fisioterapeutas, fonoaudiólogos e psicólogos que eram concordes com a minha ideia de abordar a espiritualidade com os pacientes.

Muitos desses profissionais, que durante o seu atendimento falavam com os seus pacientes assuntos relacionados à fé, à espiritualidade e à religião, escreviam-me lamentando-se da falta de receptividade que encontravam nos seus ambientes de trabalho, quando resolviam tocar nesses temas. Alguns se lamuriavam de serem alvo de chacotas nos hospitais e outros me confessavam o receio de mostrar sua religiosidade no ambiente hospitalar por medo da hostilidade dos colegas.

Por causa do sucesso do livro, e também devido a minhas aparições na mídia televisiva tanto católica como evangélica e secular, comecei a receber vários convites para palestras em todo o Brasil, a fim de falar sobre o livro, o meu trabalho e principalmente a minha forma de atender os pacientes.

Foram conferências para todo tipo de público, desde estudantes de medicina como grupos de oração carismáticos. O que mais me surpreendeu, no entanto, foi o fato de os convites virem de associações de médicos. Pasmem, amigos leitores, eram médicos que me convidavam para falar sobre espiritualidade e medicina.

Em uma das primeiras viagens, durante um dos intervalos do evento que se denominava "Espiritualidade e Medicina" para alunos de um curso de pós-graduação da PUCRS, de Porto Alegre, um dos participantes veio me abordar, dizendo:

– Doutor Roque, acho muito interessante o seu trabalho, mas como o senhor toca nesse assunto durante a consulta? Existe uma regra? Como é que o senhor sabe se o paciente não vai se ofender quando falar de religião?

– Não existe uma fórmula pronta – respondi. Temos é que sentir o momento certo dessa abordagem e deixar que Deus fale por nós.

Confesso que minha resposta não foi suficiente para sanar a dúvida daquele jovem médico. Não existia outra resposta, pois realmente não havia nada previamente organizado, um modelo, um protocolo que pudesse ser seguido durante a consulta. O que existia na verdade eram algumas sugestões de perguntas a serem feitas aos pacientes, para dar início ao assunto. Nada mais do que isso. Tudo ocorria de uma forma imprevisível.

Como é que poderia dizer em uma conferência para médicos que o momento de se falar em espiritualidade durante a consulta era movido pelo Espírito Santo? Impossível, pois se o fizesse poderia estar abrindo espaço para críticas, ou até dar motivos para duvidarem da minha sanidade mental, já que estava abordando tema totalmente avesso à classe médica.

Lembro-me muito bem em Campinas, quando após uma conferência na Associação Paulista de Medicina, um colega chamou-me de lado e disse-me:

– Roque, faço exatamente como você disse na palestra, encaro o paciente nas suas três dimensões, física, psíquica e espiritual, mas no hospital sou alvo de chacotas dos colegas que me chamam de carola, padreco e outras coisas. Como você faz, no Incor, um hospital tão importante e tão famoso pela sua alta tecnologia científica?

– Não faço nada – respondi. Logo após a minha conversão realmente houve uma certa surpresa com relação ao meu comportamento, mas com o passar do tempo tudo se tornou natural. O que interessa é o testemunho do dia a dia, pois, desde que você pratique aquilo que professa, ninguém tem como repudiá-lo. Ninguém pode criticar um comportamento correto, honesto e de solidariedade humana, um comportamento verdadeiramente cristão.

Certa vez, lendo o artigo Spirituality and Medical Practice: Using the HOPE Questions as a practical tool for spiritual assessment fiquei surpreso com o que vi. Fazendo um resumo de vários estudos que ligavam a espiritualidade à saúde, os autores observaram que 64 a 95,5% dos médicos americanos acreditam em Deus, 43 a 77% deles sentem-se perto de Deus, 77% acreditam que os pacientes deveriam falar em Deus com eles durante as consultas, 96% creem que o bem-estar espiritual é importante para a saúde, menos do que 20% dos médicos discutem assuntos espirituais com os pacientes, por falta de tempo (71%) ou de treinamento (59%) e pela dificuldade em identificar o paciente correto (56%).

Nesse mesmo estudo, dirigindo as perguntas aos pacientes, os autores encontraram resultados incríveis: 91% dos pacientes acreditam em Deus; 74% sentem-se perto de Deus; 77% creem que os seus médicos deveriam considerar as suas necessidades espirituais; 73% deles gostariam de partilhar suas crenças com os seus médicos; 66% desejam que os médicos perguntassem sobre suas crenças religiosas; somente 10 a 20% dos pacientes revelaram que os seus médicos falavam em Deus com eles.

Transportando para nós a experiência americana, visto que não existe até então nenhum tipo de pesquisa nacional com esse enfoque, percebi que, se esses números fossem válidos, mais da metade dos pacientes estaria saindo dos consultórios médicos insatisfeita com o tratamento, pois, embora livre dos problemas físicos ou psicológicos, continuaria levando para casa suas necessidades espirituais. A consulta não seria completa, não seria total.

Mas como tornar uma consulta médica um atendimento global, que satisfaça o paciente? Como atuar de uma forma ética, sem filiação religiosa e com decoro, sem interferir na individualidade do paciente? Como saber falar em Deus durante as consultas médicas sem deixar de ser médico e sem querer ser um pastor, um padre ou um outro líder religioso? Esse é o principal objetivo deste livro, caríssimo(a), pois pretendo neste trabalho apresentar uma maneira prática de analisar o assunto espiritualidade durante o convívio com pacientes, de uma forma ética, respeitosa e isenta de qualquer passionismo religioso.

Quero abordar alguns itens que seguramente serão questionados para você, quando o(a) virem falando em religião no seu ambiente de trabalho. Quero discutir com você:

Por que falar em Deus durante o atendimento? Quando falar em Deus? Em que situações? Como fazer? E para quem? Como reconhecer o paciente certo? Quais as barreiras? Os limites? As contraindicações? Como a religião pode ser benéfica para a saúde? Como ela pode ser maléfica? Quais os "porquês" das doenças?

Religião e medicina – um pouco de história

Nos primórdios da humanidade, por volta do ano 6000 a.C. são encontradas referências sobre enfermidades em artefatos pré-dinásticos do Egito antigo, afirmando que doenças físicas e mentais teriam a mesma causa, estando relacionadas a influências de maus espíritos.

Na era faraônica (5000-1500 a.C.) há pouca distinção entre a religião e a magia, pois os egípcios acreditavam que ambos eram fatores controladores do cotidiano. Nos hieróglifos, escritas cuneiformes e pictográficas dos egípcios, assírios e persas, já estava descrito o poder curativo das mãos em várias situações de doença.

Na Mesopotâmia, entre 3200 a 1025 a.C. a medicina misturava paradigmas naturalistas e supernaturalistas. O tratamento podia ser feito através de procedimentos mágicos ou por meio de ervas, poções feitas com partes de animais etc. Acreditava-se que as doenças eram causadas por fantasmas que atacariam e possuiriam os seres humanos, deixando-os doentes.

Tradicionalmente o primeiro grande médico da história viveu no antigo Egito (entre 2650 a 1800 a.C.). Chamava-se Imhotep, que mais tarde foi proclamado "deus" pelos egípcios. Nessa época o sacerdote e médico exorcizava o mal usando o nome do deus principal, Hórus, cujos olhos tinham enorme poder contra os maus espíritos e contra as doenças.

Por volta de 2000 a.C., Abraão é chamado por Deus em Ur dos caldeus no monte Horeb (*E disse-lhe: "Eu sou o Senhor que te fiz sair de Ur da Caldeia, para dar-te esta terra"* – Gênesis 15, 7), segundo as Escrituras, nascendo a religião monoteísta judaica, precursora do cristianismo e do islamismo. No Velho Testamento a doença era examinada e cuidada pelos sacerdotes; por muitas vezes vemos Deus castigando os pecadores com cegueira, doenças e confusões mentais. É o Deus punitivo do Velho Testamento que manda as doenças para os infiéis.

Na antiga Grécia por volta de 1000 a 500 a.C. a tradição homérica acreditava que a doença mental era influenciada pelos deuses e pela mitologia.

Hipócrates (460-357 a.C.), conhecido como o pai da medicina, descreveu a doença baseada em quatro fluidos corporais, a saber: sangue, catarro, bile amarela e bile escura. Ele também descreveu uma variedade de doenças mentais como psicoses, fobias, manias, melancolia, paranoia; todas elas estariam ligadas a enfermidades do cérebro.

Platão (429-347 a.C.) misturou a ciência com os elementos místicos do corpo enfatizando a necessidade de tratar a "alma" assim como o corpo físico. Aristóteles, seu discípulo (384-322 a.C.), fundou a ciência da psicologia. Nasce o conceito holístico da doença e da medicina.

No mundo ocidental, entre 300 a.C. e o ano zero, as doenças físicas e mentais eram atribuídas a causas naturais, mas ainda acreditava-se que havia interferência de forças divinas na sua gênese. Por causa da grande influência grega, pelo culto de Asclépio, filho de Apolo e deus grego da medicina, o tratamento era basicamente feito através da astrologia, magia e ervas.

No princípio da era cristã, Jesus enfocou o significado do sofrimento e a cura total do ser humano, fazendo pouca distinção entre corpo, mente e espírito. Ênfase é dada no poder interior que temos em afetar a nossa saúde, muito bem explicado em Mateus 15, 17-20:

Não entendeis que tudo o que entra pela boca vai para o seu ventre e daí para a fossa? Mas o que sai da sua boca procede do coração e é isto que torna o homem impuro. Com efeito, é do coração que procedem as más intenções, assassínios, adultérios, prostituição, roubos, falsos testemunhos e difamações. São essas coisas que tornam o homem impuro, mas o comer sem lavar as mãos não o tornam impuro.

Os primeiros cristãos acreditavam que a doença, causada ou não pelo pecado, poderia ser curada através da oração. Para eles, a cura física não era o fator preponderante, o que importava era a cura do total, ou seja, do corpo, da alma e do espírito. Durante os três primeiros séculos os cristãos não prometiam cura física durante as orações, como faziam os pagãos nos seus cultos. Mais do que a cura física, os cristãos preocupavam-se em cuidar dos doentes e não especificamente da doença, dando enfoque especial à integralidade do ser humano.

Clemente de Alexandria (150-215), um dos santos padres da Igreja Católica que havia estudado na Grécia, argumentou que a saúde através da medicina tinha a sua origem e sua existência em Deus, tendo sido referendado por Orígenes (185-254) ao dizer que como Ele fez as árvores crescerem, deu aos homens o conhecimento médico para ser desenvolvido.

Galeno (130-230) foi um anatomista, fisiologista, médico e escritor grego cujas teorias foram a base da medicina europeia até o início do Renascimento. Suas idéias permaneceram válidas no tratamento dos doentes por mais de 1.500 anos.

A perseguição dos cristãos em todo o Império Romano atingiu o auge por volta do ano 290, quando dois médicos cristãos, Cosme e Damião, foram decapitados. Esses dois irmãos eram muito conhecidos pelas curas milagrosas que ocorriam nas suas mãos, feitas por piedade, sem o mínimo ganho financeiro, daí serem chamados "anárgiros", ou seja, que "não são comprados por dinheiro", pois seu objetivo principal era a conversão dos pagãos à fé cristã. Pacientes passavam uma ou mais noites na Igreja esperando para ver os médicos. Ambos faziam curas milagrosas, sendo especialistas em doenças das glândulas, do estômago e infecciosas. Como se recusassem a renunciar a seus princípios religiosos, foram martirizados em Egeia, no ano 303, por ordem do governador Lísias, em obediência a ordens do imperador Diocleciano, de perseguir e exterminar os cristãos.

O imperador Constantino, cuja mãe era muito cristã, experimentou uma dramática conversão ao cristianismo, sendo batizado no leito de morte no ano 337. Foi o responsável pelo Edito de Milão (313) que determinava o fim da perseguição aos cristãos e a plena liberdade religiosa, e em 337 tornou o cristianismo a religião oficial do império romano.

Posteriormente, o imperador Teodósio baniu o paganismo de todo o império romano. Em 28 de fevereiro de 380, esse imperador promulgou em Tessalônica o *Cunctos Populos*, ordenando a todos os povos a aceitarem o cristianismo.

No mundo antigo a medicina era praticada geralmente para pessoas com posses, não estando à disposição dos pobres, que eram tratados pelos seus familiares. Após o cristianismo ter sido considerado como religião oficial do Império Romano, a filosofia de Jesus Cristo pôde ser difundida abertamente por todo o ocidente de modo que houve uma crescente onda de caridade por todo o continente.

A caridade foi a maior virtude da religião. Em nome do amor e com a convicção de que cada ser humano é uma alma que deve ser salva, os cuidados médicos começaram a ser feitos para quem necessitava, independentemente da sua posição econômica. Assim, os deficientes mentais, os pobres, os famintos, os desabrigados, os necessitados e talvez todos os doentes começaram a ser cuidados como seres humanos, como filhos de Deus.

Cristãos ortodoxos do oriente, com a insistência de São Basílio, bispo de Cesárea, fundaram o primeiro grande hospital, por volta de 370, para cuidar de portadores de hanseníase.

O período da história do ocidente desde a queda do Império Romano no século V até o XV é conhecido como a Idade Média, período que alguns historiadores denominavam erradamente como "Idade das Trevas".

Nessa época, Santo Agostinho apresenta a medicina secular como sendo positiva. A prática da medicina era vista como evidência material do amor e da compaixão de Deus para os humanos que sofrem.

O primeiro período da medicina medieval foi designado como monástico, pois ela era praticada e falada sob a orientação da Igreja. Entre 541 e 767, dezesseis grandes epidemias de praga afetaram a Europa. Santos e beatos foram reverenciados, mas muitos doentes recorriam à bruxaria na tentativa de aliviar as suas doenças.

O conhecimento médico e a prática da medicina do século V ao X era transmitido de mestre para aluno; somente a partir do século XII é que a medicina começou a ser matéria ensinada nas escolas formadoras de padres. A educação médica era baseada nos ensinamentos de Hipócrates, Galeno e outros. No século VI muitos doentes mentais começaram a ser levados aos monastérios pelos padres. A Igreja encorajava o tratamento humano dos doentes que a partir do século XII passaram a ser tratados no ambiente familiar.

A medicina da Idade Média era muito folclórica e influenciada pela mitologia e ensinamentos cristãos, mas não tornava importante a demonologia como causa de doença. Pessoas que acreditavam estar endemoniadas e as que se achavam doentes por causas naturais tinham o mesmo tipo de tratamento, com ervas, partes de animais em conjunto com rituais de oração.

Na Europa medieval, os hospitais continuavam dentro dos mosteiros; nas universidades a autoridade religiosa era quem licenciava os médicos a praticarem a profissão. Até o início do Renascimento o médico era geralmente também padre. Por causa de os padres gastarem mais tempo sendo médicos do que sacerdotes, a Igreja proclama editos encorajando os clérigos a se deterem mais em assuntos teológicos, deixando para segundo plano a medicina e a cirurgia.

O Concílio de Latrano em 1215 proíbe a prática da cirurgia e da medicina pelos religiosos (bispos, diáconos, padres), mas a permitia para as ordens menores, como os acólitos, leitores etc. Começa aqui a separação entre a medicina e a Igreja.

A Inquisição estabelecida em 1233, com o objetivo inicial de identificar as reformas heréticas, perde o seu foco e no final dos anos 1400 começa a perseguir os bruxos e possuídos por mais de duzentos anos.

O Renascimento na Europa ocidental inicia-se por volta de 1400. O número de pessoas com doenças mentais aumentou exageradamente a partir de 1300, devido ao ergotismo, uma psicose aguda que era resultante da ingestão de pão contaminado por um fungo que ataca o milho, o trigo e outros grãos. Pessoas com doenças mentais eram obrigadas a viver nas ruas e eram vistas como ameaça à segurança.

O Renascimento foi uma idade de obsessão pela demonologia. Um movimento para exterminar as bruxas, que na verdade eram frequentemente doentes mentais, culminou com o *Malleus Maleficarum*, tratado escrito por Kramer e Sprenger, dois monges dominicanos alemães em 1487. Esse livro dava detalhes sobre o diagnóstico e o tratamento da possessão demoníaca. O tratamento era o exorcismo; se este falhava, o "paciente" era condenado à morte. Milhares de pessoas foram decapitadas ou queimadas vivas.

Em 1517, Martinho Lutero (1483-1546), ao pregar na Catedral de Wittenberg na Alemanha suas 95 teses sobre as indulgências (e 87 teses contra a teologia escolástica), dava início à Reforma Protestante, movimento separatista na Igreja que persiste até os dias atuais.

Em 1534, o rei Henrique VIII da Inglaterra se proclama "Cabeça suprema da Igreja da Inglaterra" e estabelece a supremacia da coroa na Igreja, renunciando à obediência papal de Roma, dando início à Igreja Anglicana.

Em 1543, Copérnico (1473-1543) publica *De revolutionibus* onde conclui que a Terra gira em torno do Sol, conflitando com o ponto de vista da Igreja que admitia ser a Terra o centro do universo. Simultaneamente, Andreas Vesalius (1514-1564) unifica os conceitos até então existentes de anatomia humana, publicando texto que historicamente estabelecerá os rumos da educação médica e da prática da medicina e da cirurgia, dando maior consistência à profissão.

Paracelso (1493-1541) é um devoto do protestantismo que admite que a essência da religião é fundada na fé, na experiência pessoal e na espiritualidade. Ele era um médico de grande sucesso e reconhecimento e defendia que a medicina para ser eficaz deve reconhecer a relação entre o somático e o espiritual.

João Calvino (1509-1564), um dos líderes do movimento reformista, admite que os diáconos deveriam, além da missão teológica, exercer atividades médicas com os fiéis doentes, tratando-lhes a sua doença física e também levando-lhes conforto espiritual.

De 1545 a 1563, através do Concílio de Trento, a Igreja Católica revisa as doutrinas e as práticas para sanar os abusos que fizeram nascer a Reforma.

Francis Bacon (1561-1626), conhecido como o grande líder da reforma da ciência moderna, promove o banimento de dogmas e autoritarismo dentro dos projetos científicos, advogando os experimentos, verificações e provas. Ele relega as questões religiosas ao campo da fé.

O filósofo René Descartes (1590-1650) estuda química e anatomia, disseca animais para demonstrar que a vida de homens e animais pode ser explicada por processos fisiológicos. Ele aceita os princípios de William Harvey a respeito da circulação sanguínea e postula que o centro da mente humana está na glândula pineal. As teorias naturais começam a substituir as explicações religiosas a respeito da vida e os seguidores de Descartes reduzem a imortalidade da alma à consciência humana.

Em 1633 Galileu (1564-1642) é preso pela Inquisição por admitir as ideias de Copérnico. Ele é forçado a recuar. Ao contrário do que se pensa e se fala, Galileu não foi torturado, não ficou nos cárceres da Inquisição, tampouco morreu na fogueira. Faleceu aos 78 anos, em seu leito, tendo ao seu lado sua filha, monja católica. Em 1741, ante a prova de que a Terra seguia uma órbita em torno do Sol, Benedito XIV concede o imprimátur à primeira edição das obras completas de Galileu.

As irmãs de caridade de São Vicente de Paula fundam hospitais religiosos e seculares. Em 1789 somente na França há 426 hospitais dirigidos por essa irmandade religiosa.

O maior dos filósofos naturais, Isaac Newton, em 1687, a partir do seu livro *Philosophiae naturalis principia mathematica* dá subsídios para maior estruturação da medicina científica. Ele postulava que o universo poderia ser explicado em termos de leis físicas. Por outro lado, afirmava que suas descobertas científicas foram comunicadas a ele pelo Espírito Santo e que o entendimento da Sagrada Escritura é mais importante do que o seu trabalho científico.

O cientista francês e filósofo religioso Blaise Pascal (1623-1662) faz experiências de hidrodinâmica, dando continuidade aos trabalhos de Galileu.

Em 1700 inicia-se na França a era do iluminismo. Este foi o tempo de maior mudança nos valores religiosos tradicionais. Esse movimento propõe que a razão é a essência da natureza humana e que a ciência pode explicar o universo.

Tem início a Revolução Francesa (1789). Esse movimento teve uma enorme repercussão na prática da medicina. Quase todas as instituições médicas existentes na França foram abolidas e a prática médica foi tão descontrolada que quase ninguém conseguia ter permissão legal para tal. Como consequência o governo assumiu o controle da medicina. Essas reformas ajudaram a unificar a medicina e a cirurgia, surgindo a primeira médica escola em Paris que foi o centro mundial dessa ciência na primeira metade do século XIX.

Em 1858, Rudolf Virchow, um patologista alemão, funda a histopatologia.

Mas foi em 1859 que o antagonismo entre a religião e a ciência se tornou mais evidente, quando Charles Darwin (1809-1882) introduz a teoria da evolução, segundo a qual o homem seria descendente dos animais. O livro *A origem das espécies* mudou totalmente o conceito religioso da origem da vida humana.

Outras grandes descobertas vieram com Pasteur (1822--1910) sobre os micro-organismos, com Koch, na descoberta das bactérias que causam o antrax (1876), a tuberculose (1882) e o cólera (1884).

Sigmund Freud (1856-1939), um médico vienense, inicia estudos sobre as origens neurofisiológicas das doenças mentais. Falhando nos seus objetivos, desenvolve a primeira teoria psicológica das neuroses e seu tratamento, denominado "a cura pela fala", nascendo a psicoterapia dos dias de hoje.

Freud combate veementemente a influência da religião na psique em *Futuro de uma ilusão* (1927) e em outras inúmeras publicações. Ele escreveu que a religião determina um valor depressivo da vida e uma distorção da realidade, levando a uma intimidação da inteligência humana. Para ele a religião era uma "neurose obsessiva".

Carl Jung, discípulo de Freud, contraria o mestre apresentando um ponto de vista diferente com relação à religião em *O homem à descoberta de sua alma*. Ele propõe que a perda do sentido religioso da vida pode ser causa de muitas neuroses e distúrbios mentais.

Albert Einstein (1879-1955) desenvolve a sua famosa teoria da relatividade em 1905, revolucionando o mundo da física. Em 1941, deixou uma famosa marca ao dizer: "Ciência sem religião é paralítica, religião sem ciência é cega".

Em 1948, George Gamow descreve a teoria do *big bang* a respeito da origem do universo, que teria sido resultado de uma explosão há aproximadamente 14 bilhões de anos. Essa teoria abre a possibilidade de o universo ter sido criado por Deus em um determinado instante.

Entre 1962 e 1965 a Igreja Católica realizou o Concílio Vaticano II, que veio modificar as diretrizes até então seguidas. Grandes mudanças aconteceram tanto do ponto de vista litúrgico como teológico, havendo participação direta dos leigos nas funções da Igreja, surgindo vários movimentos laicos, inclusive a Renovação Carismática Católica.

Na década de 1980 mais de 100 milhões de carismáticos no mundo todo se reuniam para cultos de cura e libertação, dentre outras reuniões. Milhares de curas eram proclamadas, algumas verídicas e reconhecidas pela Igreja.

A comunidade médica mundial não poderia ficar à parte de tudo que ocorria no mundo. Como explicar as curas? Como entender os milagres? Seriam fraudes? Seriam coincidências? Impossível responder e também impossível ficar alheio a tudo isso, daí começou o interesse da classe médica em tentar entender o que ocorria.

Reuniões médicas começaram a acontecer, de início pontuais e menores, mas depois organizadas e programadas em mesas-redondas, congressos médicos.

O mundo científico começa a perceber a partir de 1990 a importância da fé na evolução das doenças. Surgem as primeiras pesquisas nas revistas de medicina. A American Psychological Association, através da sua revista oficial *Psychotherapy*, dedica um número inteiro sobre o tema "psychotherapy and religion", revelando o crescimento do interesse sobre o tema entre a comunidade científica.

Escolas médicas americanas passam a se interessar pelo assunto. Em 1995, a Harvard Medical School inicia um curso anual sobre "Espiritualidade e medicina" e a Duke University inaugura o Centro de Estudos sobre Religião e Saúde, chefiado por Harold Koenig, um dos pioneiros no estudo da relação entre a religião e a saúde.

A figura do Papa João Paulo II também exerceu papel preponderante na aproximação da ciência e da fé. Em 1992, esse famoso papa admitiu os erros da Igreja Católica contra Galileu Galilei, o célebre astrônomo italiano que, ao corroborar a teoria heliocêntrica do universo, proposta por Copérnico em 1543, foi frontalmente combatido pela Igreja Católica que admitia ser a Terra o centro do universo. João Paulo II veio a público e pediu perdão pelos excessos cometidos. Esse fato iniciou a queda do muro que existia entre a comunidade científica e a Igreja Católica.

João Paulo II em 1996 confirma a teoria de Darwin admitindo que a evolução poderia ser uma parte do plano de Deus para os humanos, e que deve existir na cadeia da evolução um momento em que a Sua interferência criaria o ser inteligente.

De acordo com Larson e Witham (1977), 40% dos pesquisadores de ciências físicas acreditam em Deus. Somente 7% deles, no entanto, foram capazes de admitir a sua crença perante a comunidade científica da National Academy of Science, uma das mais elitizadas organizações de cientistas do mundo.

Aumenta consideravelmente o número de estudos e trabalhos publicados em revistas de reconhecido valor dentro do meio científico, abordando a possibilidade da associação entre a religião e a saúde.

Em 2002, cerca de 86 das 120 escolas de medicina dos Estados Unidos têm cursos de religião, medicina e espiritualidade, muitos deles incluídos no currículo regular dessas faculdades.

A medicina e a religião no início do século XXI novamente estão juntas!!!

Quais os motivos da reaproximação entre medicina e religião?

Até há pouco tempo muitos médicos ainda acreditavam que a religião era algo muito pessoal e irrelevante para a saúde. Pesquisas clínicas feitas nos últimos anos vêm mudando esse tipo de mentalidade, tornando cada vez mais presentes os valores religiosos dentro dos consultórios de atendimento a pacientes.

Existem várias razões para isso.

O papel da religião continua a ser importante para os doentes, a despeito da grande evolução da ciência médica, pois, em 1994, 96% da população americana acreditava em Deus ou em algum ser superior, 90% na existência do paraíso, 79% em milagres, 73% no inferno e 65% no demônio. Mais da metade dos americanos (55%) acreditavam que a Bíblia é inspirada por Deus. Corroborando esses dados, em 1995, 43% dos americanos afirmaram que iam à igreja ou à sinagoga pelo menos uma vez por semana, 90% disseram que rezavam algumas vezes por dia e 80% liam a Bíblia Sagrada.

Uma outra razão para o crescimento do interesse dos médicos pela religião vem de recentes estudos demográficos e econômicos.

Uma explosão de nascimentos ocorreu após a Segunda Guerra Mundial (76 milhões de americanos nasceram entre 1945 e 1967), avanços nas ciências médicas propiciaram aumento das taxas de sobrevida na infância e na idade avançada e a recente queda das taxas de natalidade vem tornando rapidamente envelhecida a população americana. Com isso, os programas sociais que promovem a saúde dos idosos (Medicare), bem como o suporte econômico para isso (Social Security), têm sido sobrecarregados, com aumento de trabalhos e também dos custos. Calcula-se que em 2007 o gasto americano com a saúde aumente para 2,1 trilhões de dólares, contra o 1,1 trilhão de dólares em 1998, cálculos esses feitos antes das previsões de aumento da população idosa, faixa etária que sabemos ser a mais doente. Em 2040 quase 25% dos americanos deverão ter idade acima de 65 anos (mais de 70 milhões de pessoas).

Os Estados Unidos não são a única nação onde esse problema ocorre, pois em todo o mundo a população idosa está crescendo, de modo em que muitos países estão falindo os serviços de saúde. No Brasil, infelizmente a situação é grave. Vemos o Sistema Único de Saúde ser incapaz de atender com qualidade a grande maioria da população, que se vê obrigada a procurar alternativas de tratamento, através dos planos de saúde (saúde suplementar) ou mesmo buscando saídas não regulamentadas pela medicina científica atual.

Tradicionalmente, as instituições de caridade, órgãos sempre associados a organizações religiosas, são a única saída para os pacientes que não foram atendidos pelos órgãos de saúde do governo e que não têm recursos financeiros para filiar-se a algum tipo de plano de saúde. Sem dúvida alguma, tanto no nosso país como nos Estados Unidos o envolvimento de órgãos religiosos no tratamento dos doentes carentes vem ajudar muito as entidades governamentais, reduzindo os custos dos verdadeiros responsáveis pela saúde da população.

Antecipando os futuros problemas com as finanças do sistema de saúde, o governo dos Estados Unidos está investindo pesadamente na prevenção e na promoção da saúde. Um dos tópicos da prevenção das doenças é a assistência religiosa aos pacientes que tem sido qualificada como procedimento promotor de saúde, conforme a enormidade de trabalhos publicados na literatura médica do mundo todo.

Outra razão para a reaproximação entre a medicina e a religião é a mudança do comportamento de muitos médicos durante o atendimento aos seus pacientes.

Atualmente a grande maioria dos pacientes queixa-se da qualidade do atendimento médico, que se tornou mecânico, frio e absolutamente baseado na medicina de evidências. Não se trata o paciente como um todo, mas sim a doença. São "máquinas humanas, cuidando de outras máquinas", conforme disse um médico, leitor de minhas obras, em *e-mail* concordando com minhas observações a respeito do atendimento médico. Essa desilusão dos pacientes com a impessoalidade do tratamento médico, grande número de erros médicos, de efeitos indesejáveis dos medicamentos, muitas vezes receitados de maneira imprópria, vêm fazendo os pacientes procurarem outras alternativas para o alívio de seus sintomas.

Por essa razão é que as grandes escolas de medicina dos Estados Unidos estão se preocupando em formar profissionais que sejam *experts* em tecnologia e ciência, mas que também tenham a noção da integralidade do ser humano. Esses doutores do século XXI poderão aplicar aos seus pacientes a mais nova tecnologia no tratamento das doenças, além de oferecer-lhes condições para suprirem as suas necessidades sociais, psicológicas e espirituais. É o retorno do médico de família, de um lado um grande técnico, um superespecialista, mas de outro um filósofo, um perfeito conhecedor dos anseios dos pacientes e capaz de dar a eles todo o suporte espiritual necessário, principalmente quando os limites da tecnologia científica forem barrados pela inexorabilidade da morte.

É o momento de o médico preencher a lacuna existente no atendimento dos dias de hoje, quando o paciente sai dos consultórios não totalmente satisfeito das suas necessidades e não muito infrequentemente vai buscar ajuda em soluções alternativas, nem sempre corretas. É o momento de o médico tomar o seu espaço no atendimento total dos pacientes, evitando que charlatões ou vendedores de falsas ilusões possam se aproveitar do seu desespero.

Os profissionais de saúde podem estar se aproximando da religião durante a prática diária por esse assunto estar sendo veiculado com muita frequência pela mídia americana e também, a partir de 2002, pela imprensa brasileira. Quase todas as semanas podemos ver em periódicos seculares reportagens sobre esse assunto. Muitas reportagens podem parecer até provocações, mas sem dúvida alguma a presença de profissionais de saúde sérios e gabaritados internacionalmente, referendando a importância da espiritualidade na prática da saúde, fez que se despertasse a curiosidade de muitos outros médicos, dentistas, psicólogos, fisiatras, fisioterapeutas, nutricionistas, enfermeiros. Muitos estudos vêm surgindo a partir dessas descobertas, animando e carreando um número crescente de entusiastas desse assunto.

Do ponto de vista científico, a questão da efetividade da religião sobre a saúde ainda não está totalmente comprovada. Profissionais respeitados no mundo científico mundial debatem sobre esse assunto e a questão deverá ser plenamente respondida em poucos anos.

Além desses aspectos que discuti acima, o milenarismo deve também ter sido responsável pela aproximação da religião e da medicina, pois a chegada do final do milênio pode ter influído no inconsciente coletivo da humanidade, trazendo à tona marcas escatológicas dos nossos antepassados. Estou plenamente convencido de que muitos colegas, profissionais da saúde, com o aproximar do final do milênio, conscientemente ou não, revendo seus valores de vida, procuraram o sagrado como uma forma de encontrarem respostas às suas questões existenciais. Essa "busca do sagrado" de muitos profissionais modificou o seu perfil puramente técnico, tornando-os sensíveis às doenças da alma e do espírito e consequentemente mudando o seu comportamento durante o atendimento dos seus pacientes.

Pontos a serem considerados

Antes de entrar na descrição dos inúmeros trabalhos publicados a respeito de saúde e espiritualidade, é prudente que estabeleçamos alguns conceitos sobre o que discutiremos a seguir.

Religião é um sistema organizado de crenças, práticas, rituais e símbolos que facilitam a aproximação com o sagrado ou transcendente (Deus, força superior, última verdade etc.) e para nortear o comportamento humano dentro da sociedade, de modo a se viver com entendimento e solidariedade.

Religiosidade é a manifestação exterior das crenças e cultos, por exemplo, a frequência aos serviços religiosos. Isso nem sempre significa uma busca do "sagrado", pois as pessoas podem ir às missas, aos cultos com frequência, para aumentar o seu contato social, o seu *status* dentro da comunidade ou ir à procura de outras vantagens pessoais. A religião pode ter rituais ou prescrições de comportamento associados à busca do sagrado que possam ter sido validados por um grupo de pessoas, não necessariamente pela cultura dominante. Isso é notório, por exemplo, quando observamos nas ruas judeus ortodoxos trajando vestes pretas num calor tropical como o nosso.

Espiritualidade é a busca das respostas para as questões mais urgentes da nossa vida e o significado da nossa existência. A espiritualidade pode ou não necessitar dos ritos religiosos para ser desenvolvida, bem como da vida comunitária. As pessoas podem buscar a espiritualidade através da religião, através da natureza, através das suas realizações pessoais.

A espiritualidade pertence a nossa integridade, é algo nosso, impossível de ser tomado, é individual, pouco visível e mensurável, extremamente subjetiva, menos formal, menos ortodoxa, menos sistemática; é orientada pela emoção, dirigida interiormente, não autoritária, não orientada por doutrinas. Já a religiosidade é focada na comunidade, é mensurável, objetiva, observável, formal, ortodoxa, organizada, orientada pelo comportamento, praticada exteriormente, autoritária em termos comportamentais, é uma doutrina que separa o bem do mal.

Acho muito importante abordar um assunto muito peculiar do Brasil, a confusão que existe entre espiritualidade e espiritismo. Espiritismo é uma seita religiosa, não cristã, proposta por Allan Kardec, que envolve os conceitos de reencarnação, comunicação com mortos e prática de caridade. Espiritualidade, como dissemos, é a necessidade que todos temos em nos encontrarmos com o divino. Para os espíritas isso é feito através do espiritismo, para os cristãos pelo cristianismo, para os islamitas pelo islamismo etc.

Existe uma grande dificuldade metodológica nos trabalhos que analisam os efeitos da religião sobre a saúde, pois é praticamente impossível medir-se a espiritualidade, sendo esse um dos pontos que enfraquecem a qualidade dos estudos. Além disso, a não reprodutibilidade de muitos estudos faz que sejam considerados apenas investigações epidemiológicas que valem somente para a população estudada.

Há necessidade em pesquisas futuras que se façam estudos com populações diferentes em diferentes países, para garantir que a globalização dos estudos exprima resultados confiáveis e reprodutíveis.

O que a literatura médica diz sobre o assunto?

Logo após a minha mística experiência com Deus, que descrevo com detalhes no meu primeiro livro, *Milagres que a medicina não contou*, comecei a atender os pacientes da forma que tinha sido por Ele inspirado, ou seja, vendo nos olhos dos pacientes a imagem do Criador. Com isso comecei a notar maravilhas dentro do consultório que me deixaram totalmente perplexo, pois jamais poderia com o meu raciocínio científico entender os milagres da fé.

Confesso que comecei a viver quase um dilema. Se por um lado tinha total certeza do que via, por outro sempre questionava alguma coisa. E esse raciocínio cético me fez procurar dentro da literatura médica algo que explicasse como a fé poderia mudar a evolução das doenças.

Logo que comentei esse assunto com um sacerdote recebi um banho de água fria, pois ele me falou:

– Cuidado, Doutor Roque, esses estudos que o senhor está procurando devem ser todos coisa da Nova Era. Essa seita acredita que existe em nós a capacidade de nos autocurar, pois eles acham que Deus somos nós mesmos e que é uma energia capaz de resolver tudo. Eles não acreditam em um Deus como a Bíblia nos ensina, um ser perfeito, capaz de amar os seus filhos, capaz de perdoá-los e também capaz de curá-los.

– Padre, desculpe-me, acho que o senhor está sendo muito radical, fundamentalista demais, pois o fato de existir um mecanismo de autossugestão capaz de promover nossa cura não significa que não precisamos de Deus. Muito pelo contrário, Deus é quem criou esse mecanismo de autossugestão.

Minha posição com relação à doença e à religião é firme; tenho certeza de que Deus não criou as doenças, além disso nos fez livres delas. É uma grande bobagem ficarmos falando que a doença é a vontade de Deus, ou que a doença é uma punição divina.

Esses conceitos de um Deus punitivo, zangado, vingativo que vemos no Antigo Testamento desapareceram após a chegada de Jesus, que modificou totalmente o judaísmo. Deus é amor!

Não tem cabimento um pai desejar que seu filho sofra. O Senhor nos criou para vivermos com saúde física, psíquica e espiritual. No Jardim do Éden tudo era paz, conviviam livremente todos os animais e o homem. Havia muita harmonia e tranquilidade.

Deus, ao nos criar, deu-nos mecanismos capazes de nos livrar de qualquer tipo de adversidades, de doenças. Como Ele nos fez para ter saúde, capacitou-nos a nos defender das doenças, que na sua Onisciência sabia que iriam acontecer após o pecado de Adão e Eva.

É bom salientar que nosso organismo foi criado à imagem e à semelhança de Deus, isto é, livre de doenças. O nosso corpo atual é quase exatamente igual ao corpo de Adão e Eva antes do pecado, ou seja, ele tem todos os mecanismos possíveis para eliminar as doenças. Infelizmente devido à transgressão de Adão e Eva perdemos a imunidade divina de modo que, com o pecado, vieram a morte e as doenças. Todo o universo sofreu as consequências do pecado original.

Meu sangue de pesquisador não me deixava em paz, por isso comecei a procurar na literatura médica tudo o que falasse de religião e medicina. Através da internet pesquisei pelo *Medline* e logo de início tive uma surpresa enorme: os primeiros resultados da pesquisa bibliográfica me deram mais de 5 mil trabalhos publicados sobre esse assunto.

Refinei a pesquisa, procurei em outras bibliotecas eletrônicas, selecionei alguns trabalhos que me pareceram metodologicamente corretos e comecei a estudar esse assunto, que confesso a você, caro(a) amigo(a) leitor(a), é apaixonante.

Todas as vezes que me encontrava com colegas do hospital e mostrava os artigos do *Lancet*, do *American Journal of Cardiology*, do *Cardiology*, do *Journal of American Medical Association* (*Jama*), do *British Medical Journal* ficava entusiasmado pois ninguém imaginava que existisse esse tipo de literatura no meio dessas revistas que tanto utilizamos para a nossa atualização científica.

Preocupado com a metodologia empregada em alguns trabalhos e para evitar que saísse falando impropriedades científicas, comecei a analisar a consistência dos trabalhos escolhidos. Tive a bênção de escolher os trabalhos de Harold Koenig, um psiquiatra americano, da Duke University, um dos maiores estudiosos no assunto religião e saúde. Esse autor no seu livro *Handbook of religion and health* selecionou oitocentos trabalhos da literatura mundial e os classificou dando nota de 0 a 10, segundo um critério rígido de análise da metodologia empregada nos estudos.

Aí ficou mais fácil para mim, selecionei os estudos que tinham notas maiores do que 8 e comecei a minha pesquisa sobre esse interessante assunto. Existiam estudos do tipo: *cross-sectional*; prospectivo; *cohort*; retrospectivo, estudos clínicos e experimentais, casos-controle, estudo descritivo, relato de caso, revisão de literatura e outros.

Meus caros, compartilhem comigo as gratas surpresas que tive quando estudava esses trabalhos.

Mortalidade

Durante as últimas três décadas pelo menos dezoito estudos prospectivos demonstraram que o envolvimento religioso determina maior longevidade.

Um estudo de 28 anos de avaliação de 5.286 adultos, com idade entre 21-65 anos, mostrou que a frequência de comparecimento à atividade religiosa (mais de uma vez por semana) determinava uma probabilidade de morte 23% menor do que os que não frequentavam as missas (Strawbridge, 1997).

Outro estudo, com cinco anos de análise, examinando a mesma relação em 1.931 adultos com idade maior do que 55 anos, mostrou que frequentadores assíduos de missas ou cultos cristãos tinham 24% menos probabilidade de morte do que os não frequentadores (Oman, 1998).

Analisando 3.968 adultos com idade maior do que 65 anos, Koenig e cols. em 1999 revelaram que os frequentadores de atividades religiosas tiveram 28% menos probabilidade de morte no período estudado.

Finalmente, uma pesquisa da National Health Interview Study, acompanhando 21.204 pessoas por oito anos, ajustada para idade, sexo, raça e religião, mostrou que os não frequentadores tinham probabilidade de morte 1,87 vezes maior do que aqueles que frequentavam suas religiões (figura 1).

Hummer e cols. nesse trabalho mostram que a expectativa de vida aumenta significativamente com o aumento da frequência às atividades religiosas.

É bom que se deixe bem claro que os resultados desses estudos não revelam aumento de expectativa de vida nos indivíduos não praticantes que se tornam praticantes. Eles indicam, no entanto, que o envolvimento religioso pode ser um preditor de saúde e de longevidade.

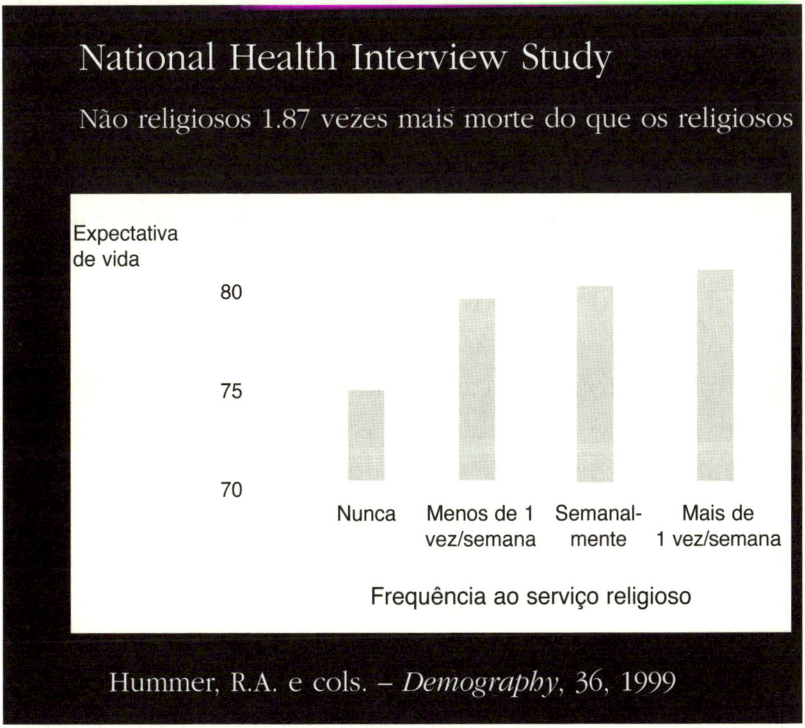

Figura 1 – Expectativa de vida de pessoas que nunca iam ao serviço religioso, de quem ia menos do que uma vez por semana, semanalmente e mais de uma vez por semana.

Doenças Cardiovasculares

É muito importante sabermos a prevalência das doenças cardiovasculares em todo o nosso planeta, para podermos entender a sua gravidade.

De acordo com a Organização Mundial de Saúde (OMS), 16,7 milhões de pessoas morreram em 2002 devido às doenças cardiovasculares, correspondendo a um terço de todas as mortes ocorridas nesse ano.

Estima-se que em 2020 a doença cardíaca e o acidente vascular cerebral (ou derrame como erradamente ainda dizem) poderão ser responsáveis por mais de 20 milhões de mortes por ano.

As doenças cardiovasculares causam 8,5 milhões de mortes entre mulheres anualmente, sendo responsáveis por um terço de todas as mortes do sexo feminino no mundo todo. É a maior causa de morte entre as mulheres. Em países desenvolvidos metade dessas mortes ocorre em mulheres com mais de 50 anos.

A doença cardiovascular é a principal causa de morte na União Europeia, ocasionando mais de 1,5 milhão de mortes por ano; 42% de todas as mortes devem-se a doenças cardiovasculares (46% homens e 38% mulheres).

A cada sete minutos um canadense morre de doença cardíaca ou acidente vascular. Essas moléstias custam ao governo canadense a importância de 18,4 bilhões de dólares por ano.

Dados mais recentes da OMS indicam que a taxa da ocorrência da doença cardiovascular em homens foi maior na Finlândia e menor na China. Nas mulheres essa taxa foi maior na Grã-Bretanha e menor na Espanha e na China.

Quinze milhões de pessoas sofrem de acidente vascular cerebral (AVC) a cada ano e cinco milhões delas ficam com sequelas, impedindo-as de terem vida normal. Cinco milhões e meio de pessoas morreram devido ao AVC em 2002.

O AVC leva a maior mortalidade em mulheres que em homens. Três milhões de mulheres morrem por ano.

No Brasil os números também são sombrios pois, em 2004, 248.983 brasileiros morreram por problemas cardiovasculares, ao passo que as causas externas (acidentes, mortes violentas etc.) levaram a 118.664 mortes, o câncer matou 103.100 pessoas e as doenças respiratórias, 88.181.

É fácil concluir, com esses dados do Ministério da Saúde, que essas expressivas taxas de mortalidade levam continuadamente as autoridades sanitárias do nosso país a atuarem nas causas que podem desencadear essas doenças, isto é, os fatores de risco coronário, para assim promoverem a profilaxia dessas moléstias.

O governo americano estima para o ano de 2005 um gasto de 393,5 bilhões de dólares para o custeio direto e indireto das doenças cardiovasculares, daí o grande interesse e investimento desse país em descobrir e entender os fatores que levam à ocorrência dessas moléstias.

A partir dos estudos de Framingham, inúmeras pesquisas foram feitas em todo o mundo, com o objetivo de entender a doença regionalmente. Com isso surgiram os conceitos que hoje são aceitos como sendo os fatores de risco independentes para a aterosclerose: dislipidemia (HDL-colesterol diminuído e LDL colesterol aumentado), hipertensão arterial, tabagismo, diabetes melito, idade, sexo. Além disso, reconheceram-se os fatores predisponentes como: obesidade, sedentarismo, etnia e fatores psicossociais. Um terceiro grupo de fatores de risco, cujo papel na gênese da aterosclerose é provável, mas ainda não demonstrado, é denominado grupo de fatores condicionais. Eles são: triglicérides, homocisteína, lipoproteínas e fatores inflamatórios.

Em uma pesquisa recente foram estudados os fatores de risco associados à ocorrência de infarto do miocárdio na região metropolitana de São Paulo – uma região desenvolvida em um país em desenvolvimento. Os autores descreveram que tabagismo, relação cintura-quadril, antecedentes de hipertensão arterial e de diabetes, história familiar de doença coronariana, níveis séricos de LDL aumentados e de HDL colesterol diminuídos são fatores ligados à ocorrência de infarto (Avezum, 2005).

Esse estudo é muito importante pois mostra a nossa realidade, comprova-nos a existência desses fatores de risco no nosso meio e também nos faz alerta para a profilaxia dessa doença que é a maior responsável pelas mortes no mundo todo.

É fácil entender que com o envolvimento religioso podemos atuar em vários desses fatores de risco, como na dieta, no sedentarismo, na obesidade, na dislipidemia de modo a reduzir a incidência da doença cardiovascular. Além disso, o suporte social e o menor isolamento que a frequência a serviços religiosos oferece aos fiéis fazem que os fatores psicossociais sejam atenuados, reduzindo também o risco das doenças cardiovasculares.

Interessantes foram os resultados de um grande estudo feito em 52 países (Rozanski, 2005), sendo analisados 12.461 pacientes pós-infartados recentes e 14.637 indivíduos-controle. O índice psicológico dos pacientes foi calculado ao se avaliar sinais de depressão, perda de controle, percepção de estresse em casa ou no trabalho, moderado ou grave problema financeiro e experiências adversas de vida.

Os resultados desse estudo mostraram que os pacientes com índice psicológico alterado tinham maior incidência de infarto do miocárdio que o grupo-controle. Um dado realmente interessante foi que o risco de infarto do miocárdio era o mesmo nos indivíduos que fumavam, nos hipertensos, nos obesos, nos portadores de dislipidemias e naqueles que tinham o índice psicológico alterado. Esses resultados demonstram nítida correlação entre o bem-estar psicológico e espiritual com a saúde cardiovascular.

Em um livro anterior, *Curando corações*, fiz uma correlação que achei muito interessante, enfocando esses fatores psicossociais de risco coronário com os pecados capitais. Foi envolvente encontrar uma correlação entre a ira e a incidência de infarto do miocárdio, a inveja e a avareza com a depressão e a doença coronariana, além de analisar os efeitos da preguiça na vida sedentária e também da gula na obesidade. Coube à soberba, como mãe de todos os vícios capitais, também estar relacionada ao aumento da incidência de doenças do coração, principalmente pelo alto grau de ansiedade dos orgulhosos.

Um estudo-controle, ajustado para idade, fatores étnicos, índice de massa corporal, atividade física, tabagismo, educação, revelou que judeus seculares têm maior chance de um primeiro infarto do miocárdio do que os judeus ortodoxos (Friedlander, 1986).

Um estudo prospectivo de 23 anos analisando 10.059 israelitas masculinos funcionários públicos revelou que os judeus ortodoxos têm risco coronário 20% menor do que os seculares, ajustado para idade, pressão arterial, lípides, tabagismo, diabetes e índice de massa corpórea (Goldbourt, 1993).

Um estudo prospectivo de 232 pessoas com idade superior a 55 anos que foram submetidas a cirurgia cardíaca eletiva revelou que a ausência de envolvimento religioso foi fator preditivo de morte (Oxman, 1995).

Em uma revisão de dezesseis estudos, doze deles demonstram associação entre envolvimento religioso com menor incidência de doença cardiovascular e com a morte (Koenig, 2001).

Krucoff e cols. (2005) selecionaram 150 pacientes com indicação de angioplastia coronária devido à angina instável. Após a randomização, os que foram submetidos à terapia noética tiveram menores complicações trans e pós-operatórias do que o grupo-controle. Esse estudo demonstra que a oração pode reduzir as complicações perioperatórias da angioplastia coronária reduzindo o estresse emocional e espiritual que acompanham esse procedimento. É provável que a terapia noética, entre elas a oração de intercessão a distância, reduza a ansiedade, a dor e o estresse, aumente a eficácia dos agentes farmacológicos e facilite a evolução dos pacientes.

Hipertensão Arterial

A OMS estima que há no mundo cerca de 600 milhões de pessoas com pressão alta e com risco de sofrer infarto do miocárdio ou acidente vascular cerebral ou insuficiência cardíaca.

Mulheres hipertensas têm 3,5 vezes mais risco para desenvolver doença coronariana do que mulheres com pressão normal. Metade dessas portadoras de hipertensão arterial desconhece a sua doença.

Em todo o mundo a hipertensão arterial é a causa de 7,1 milhões de mortes, cerca de 13% da mortalidade global.

Conforme estudos americanos a prevalência da hipertensão arterial aumenta progressivamente com a idade em ambos os sexos. A prevalência entre os negros é sempre maior em qualquer idade. Até os 40 anos a prevalência é próxima a 10% (20% para a raça negra), até os 50 anos chega a 20% (40% para a raça negra), após os 60 anos ultrapassa os 40%, atingindo 60% depois dos 70 anos.

No nosso país existe uma prevalência elevada de hipertensão arterial chegando a 15% da população geral adulta, variando de 9 a 30% conforme o estudo e a localidade pesquisada. Os segmentos sociais mais pobres são os que possuem mais pacientes hipertensos e é nessa classe social em que as complicações, como os acidente vasculares cerebrais, são muito frequentes.

O acidente vascular cerebral é a principal causa de morte no nosso país, estando à frente das doenças cardíacas, do câncer e outras causas, diferindo dos americanos que têm essa doença em segundo lugar.

As regiões rurais apresentam menor prevalência de hipertensão em relação às metropolitanas. O índice de prevalência de hipertensão varia numa mesma população de determinada origem conforme ocorrem migrações, portanto o ambiente é um importante fator determinante. A urbanização, os hábitos sociais e a atividade profissional são determinantes maiores.

Estudos demonstram que o envolvimento religioso está associado a menores níveis de pressão arterial e menor ocorrência de hipertensão. Um estudo (Koenig, 1998) examinando a relação entre as atividades religiosas com níveis de pressão arterial em 3.963 pessoas com idade maior do que 65 anos, ajustado para idade, fatores étnicos, sexo, educação, *status*, índice de massa corporal e níveis de pressão arterial prévia, mostrou que os frequentadores dos serviços religiosos (mais de uma vez por semana) tinham níveis de pressão arterial sistólica e diastólica menores do que aqueles não frequentadores. Além disso, os frequentadores que se propuseram a períodos de oração privada diária tiveram níveis de pressão diastólica 40% menor do que os que não rezavam com frequência.

De dezesseis estudos analisados por Koenig e cols. (2001) em quatorze encontrou-se associação positiva entre religião e melhora dos níveis da pressão arterial. Esse mesmo autor, examinando treze *clinical trials* de efeitos de práticas espirituais sobre a pressão arteiral, verificou que em nove deles essas práticas reduziam significativamente a pressão arterial.

Se os níveis de pressão arterial estão relacionados com a frequência aos serviços religiosos deveríamos não encontrar essa patologia em sacerdotes, pastores ou outros líderes religiosos. Um dos mais antigos estudos feitos para comparar os níveis de pressão arterial em religiosos foi o de McCullagh e outros (1960) examinando 44 monges trapistas. Surpreendentemente a incidência de hipertensão arterial nos monges foi maior do que nos homens com a mesma idade a despeito da vida monástica regrada, mas não livre do fenômeno do estresse.

Um outro estudo mais consistente foi feito por Timio em 1988 que conduziu análise prospectiva de vinte anos em

144 freiras reclusas em um monastério comparadas com 138 mulheres com vida secular. Embora a média dos níveis de pressão arterial fosse igual no início do estudo, após vinte anos subiu apenas no grupo secular, demonstrando que o envolvimento religioso exerce papel importante na pressão arterial. É provável os mecanismos de alívio do estresse, causados pela vida religiosa comunitária e o estilo de vida saudável dos mosteiros, exerçam efeito benéfico ligado à fé que promove a redução dos níveis de hipertensão arterial nos religiosos.

Câncer

O câncer é a segunda causa de morte no Brasil e no mundo. No Brasil morrem mais de 100 mil pessoas por ano dessa moléstia. As formas mais comuns de câncer são de pulmão, mama, próstata, cólon, colo de útero, trato gastrointestinal superior. Muitos desses tumores podem ser evitados se tomarmos as medidas preventivas correta e precocemente.

Admite-se que influências psicossociais como baixo nível de suporte social, desesperança e caraterísticas pessoais como depressão e pessimismo podem afetar o mecanismo imune e permitir a ocorrência de câncer.

Há inúmeras evidências de que o grau de religiosidade pode ajudar a prevenir o câncer, pois pessoas que têm frequência religiosa assídua ou estão profundamente envolvidas com a fé podem ter menos câncer do que uma população-controle.

Os mecanismos pelos quais a religiosidade pode ajudar na prevenção do câncer estão ligados à melhor qualidade de vida das comunidades pelo suporte social e pela ausência do tabagismo, do alcoolismo e do sexo livre e arriscado.

Não existem estudos consistentes prospectivos, no entanto, que possibilitem afirmar que o envolvimento religioso pode evitar a ocorrência do câncer.

Uma vez desenvolvido o câncer sabemos que muitas pessoas usam a religião e crenças espirituais para ajudá-las a combater a doença. Alguns estudos têm mostrado que aqueles que usam a religião como escudo contra a doença adaptam-se melhor à nova situação, têm menos ansiedade e são mais esperançosas. É possível que isso afete positivamente o curso do câncer.

O envolvimento religioso pode também ajudar a detecção precoce do câncer pelas campanhas preventivas que são feitas nas comunidades religiosas.

Existem estudos não consistentes que tentam afirmar que a frequência a atividades religiosas pode aumentar a sobrevida dos portadores de vários tipos de câncer, mas esses estudos deverão ser confirmados no futuro.

Cuidados com o doente terminal

Sem dúvida alguma, o paciente terminal é o que mais necessita de atenção, do carinho e dos cuidados do profissional de saúde. Fico estarrecido quando ouço histórias que os pacientes me contam, nas quais infelizmente alguns profissionais de saúde não mostram um pingo de compaixão nem respeito à dignidade dos pacientes.

Com essa história toda de atualmente só se falar na medicina baseada em evidências, após o diagnóstico de uma patologia grave e de mau prognóstico alguns profissionais esquecem-se de que o "doente é um ser humano, não um corpo que tem uma doença grave". Soube de muitos profissionais que após fechar o prognóstico abandonam o paciente.

Por mais que as evidências estatísticas indiquem uma sobrevida pequena, não devemos e não podemos afirmar aos pacientes quanto tempo de vida lhes resta, pois a vida é um dom de Deus, isto é, uma dádiva que Deus nos emprestou ao nascer, e que só Ele é quem sabe quando devemos devolver-lhe esse dom. Além disso, ao dar ao paciente um número de dias de sobrevida poderemos encurtar esse tempo, pois ele poderá se desencorajar de tudo, abandonar o tratamento e ficar esperando a morte. Será que o profissional que agiu assim gostaria que alguém algum dia fizesse o mesmo com um familiar seu ou com ele próprio?

Existe também o problema do erro de diagnóstico. Recebi no consultório um paciente de uma cidade do interior do estado de São Paulo que veio com um diagnóstico fechado de doença coronária que não era passível de cirurgia. Era caso de transplante, segundo o paciente. Após receber essa notícia do médico da sua cidade, entrou em uma depressão tão intensa que voltou a beber, a fumar, largou a mulher e começou a viver hedonisticamente à espera da morte, visto que não teria condições financeiras para pagar um transplante do coração.

Ao analisar o cateterismo do paciente logo vi que as coisas não eram tão complicadas como haviam dito a ele. Tivera dois infartos, mas estava bem, pois embora com duas coronárias obstruídas, essas eram sem muita importância a ponto de o músculo cardíaco ter sido pouco comprometido.

Não é que o caso dele não dava para operar as coronárias, como lhe disse o médico, mas sim que não precisava é de nenhum tipo de tratamento cirúrgico. Existe uma grande diferença entre o não poder ser operado e o não precisar ser operado.

Evidentemente que o paciente ficou extremamente agradecido após a minha consulta. Voltou a viver normalmente nos âmbitos profissional e familiar, deixando para longe o fantasma do transplante.

Acho que, antes de dar a notícia de alguma situação ruim para o paciente, devemos conversar com os seus familiares para que de uma forma honesta, coerente e com muito amor possamos informá-lo da situação, sempre dando-lhe esperança.

A OMS ao definir a medicina paliativa enfatiza os aspectos psicossociais e espirituais no atendimento aos pacientes, principalmente para aqueles em quadros de final de vida.

Geralmente os pacientes terminais mostram grande religiosidade e perspectivas espirituais profundas comparados com outros adultos. Estudos sugerem que o envolvimento religioso de pessoas com doenças terminais deixa-as menos ansiosas fazendo que aceitem a morte com resignação, pois acreditam ser a morte apenas uma passagem para a vida eterna junto de Deus.

Poucos são os locais onde esse tipo de paciente tem a assistência médica global, isto é, que possam ser aliviados de suas dores, de sua ansiedade, de suas angústias e de suas necessidades espirituais. Sei que pontualmente alguns profissionais de saúde fazem esse tipo de assistência, de uma forma amadorística e também anônima.

Existem alguns hospitais, casas de repouso, casas de saúde ligadas a entidades religiosas que fazem esse tipo de trabalho. Nos grandes hospitais sabemos da atuação de algumas organizações não governamentais que se preocupam com os pacientes terminais, mas todo esse tipo de trabalho é voluntário e depende da caridade das pessoas; não existe uma preocupação do governo com relação a esse tipo de paciente.

Como profissionais de saúde nos grandes hospitais temos que incentivar a formação de grupos de apoio aos pacientes, como o Grupo de Voluntárias do Hospital das Clínicas da Faculdade de Medicina da Universidade de São Paulo (FMUSP), que no Incor, junto com a equipe médica e de psicólogos, faz trabalho exemplar aos pacientes carentes, oferecendo-lhes um tratamento global. Assim como no Incor, existem várias organizações de voluntárias em todo o Brasil que devem ser parabenizadas por esse trabalho de amor, caridade e solidariedade aos pacientes terminais.

Depressão

Existe uma enormidade de estudos na literatura médica mundial que explora a relação entre depressão e religião. Estudos longitudinais recentes têm examinado o envolvimento religioso e espiritualidade e depressão. Um deles (Braam, 1997), analisando 177 deprimidos, com idade entre 55 e 89 anos, durante um ano de acompanhamento mostrou que o envolvimento religioso estava associado não somente ao risco de depressão mas também à recorrência de crises.

Pessoas que estão envolvidas em comunidades religiosas e aquelas em que os valores de religiosidade e fé são muito elevados têm o risco de depressão diminuído. Mesmo que essas pessoas venham a apresentar a depressão, pesquisas demonstram que a remissão dos sintomas é muito mais rápida do que nos indivíduos sem religião (Koenig, 2001).

Uma revisão examinando o envolvimento religioso e depressão mostrou que, de 29 estudos que examinaram esse assunto, 24 encontraram que a depressão era menos frequente e menos recorrente em pessoas que tinham envolvimento religioso (McCullough, 1999).

Ansiedade

O envolvimento religioso tem sido associado com níveis menores de ansiedade. Um estudo muito interessante (Koenig, 1993) analisou a relação entre frequência ao serviço religioso, importância pessoal da religião e atividade religiosa privada com níveis de ansiedade em 3 mil adultos, ajustado para sexo, doenças crônicas, eventos negativos da vida e posição socioeconômica. Os resultados mostraram que o envolvimento religioso estava associado com diminuição da ansiedade entre os pacientes jovens (18-39 anos), mas não entre os mais velhos (60-79 anos).

Um outro estudo (Kaczorowski, 1989) analisou os níveis de ansiedade em 114 pacientes com diagnóstico recente de câncer. Pacientes com níveis elevados de bem-estar espiritual tinham menores níveis de ansiedade, independentemente de sexo, idade, estado marital, diagnóstico, participação grupal e tempo de diagnóstico de câncer.

Dependência de drogas e álcool – suicídio

As pessoas envolvidas em grupos religiosos têm menor probabilidade de usar ou abusar de álcool e drogas, conforme demonstram vários estudos publicados na literatura médica. Um estudo prospectivo (Moore, 1990) de 1.014 estudantes de medicina do sexo masculino mostrou que os religiosos tinham menor índice de abuso de álcool do que os colegas não religiosos, durante vinte anos de *follow-up*. Existem enormes evidências de que o envolvimento religioso ou espiritual está associado à diminuição do risco de uso e abuso de substâncias.

Os indivíduos que se declaram religiosos espontaneamente e os que frequentam com assiduidade os serviços religiosos têm menor índice de suicídio do que os não religiosos (Miller, 1998).

Outras situações

Achei interessante mostrar a você, caro(a) amigo(a) leitor(a), até onde os autores chegaram para mostrar que a religião faz bem para a saúde. Vários estudos mostraram que o envolvimento religioso está associado a várias condições promotoras de saúde, por exemplo: maior atividade física, nutrição adequada, mais uso do cinto de segurança nos automóveis, cessar de fumar, maior uso dos serviços de prevenção de doenças. O envolvimento também está associado à redução do número de hospitalizações e de diárias, e consequentemente do custo hospitalar, assunto que vem se tornando muito enfocado atualmente, tendo em vista o estado pré-falimentar dos serviços de saúde (Koenig, 2002).

Por que rezar faz bem para a saúde?

Existem várias respostas para essa pergunta!

1. Promoção de hábitos de vida saudáveis

É muito fácil entender por que muitas pessoas que estão ligadas a movimentos religiosos têm menor risco de doenças, principalmente as cardiovasculares. Elas recebem de seus líderes religiosos orientações de como se alimentar corretamente, da necessidade de exercícios físicos, dos perigos do tabagismo, da obesidade e do sexo extraconjugal nas doenças sexualmente transmissíveis.

Além disso, a maioria dos líderes religiosos incentiva seus fiéis a procurarem os serviços médicos na presença de doenças ou mesmo para prevenção. É muito comum dentro das igrejas existirem movimentos de atendimento médico, odontológico e psicológico aos fiéis carentes.

2. Redução de fatores psicossociais

O envolvimento religioso fornece bem-estar para as pessoas, dando mais satisfação, mais esperança, mais felicidade assim como outros indicadores de "sentir-se bem". Existe também uma associação entre otimismo, esperança e envolvimento religioso. É nítida a relação entre a autoestima, o significado de viver, a melhor adaptação ao sofrimento associado a uma perda e a frequência a serviços religiosos.

Um dos aspectos importantes da prática religiosa é oferecer suporte social aos seus fiéis. Isto é, a frequência religiosa supre as eventuais possibilidades de isolamento social que os problemas sociais, econômicos ou decorrentes da faixa etária causam.

Dessa forma, viver em uma comunidade religiosa, parcial ou totalmente, é uma maneira excelente de se prevenir a depressão, a ansiedade e o estresse crônico, fatores psicossociais intimamente ligados à ocorrência de doenças cardiovasculares. Como existe uma excelente associação entre envolvimento religioso e fatores psicossociais, estudos futuros deverão mostrar com propriedade a redução da ocorrência de infarto do miocárdio nos frequentadores de serviços religiosos.

Tenho observado na prática clínica que pacientes submetidos a cirurgia de revascularizaçao miocárdica com religiosidade bem estabelecida têm menor possibilidade de desenvolver depressão pós-operatória, situação crítica que surge nos primeiros dias de recuperação. É nítida a diferença de um paciente religioso para um não religioso, com relação a aderência ao tratamento, nível de ansiedade durante as internações e aceitação da sua doença como um problema da vida e não como castigo de Deus.

Sempre digo nas minhas palestras que Deus não fez as doenças, mas Ele nos visita na hora do sofrimento, basta apenas reconhecermos a Sua presença e pedir-Lhe o milagre.

Não me esqueço jamais do caso do seu Manoel, o bom português, que narrei no meu primeiro livro *Milagres que a medicina não contou*. Atendi esse senhor com quadro de descompensação cardíaca extrema por doença coronária. Tinha sido submetido a cirurgia de ponte de safena há alguns anos e a várias angioplastias coronárias. Ele estava absolutamente sem o mínimo de esperança de viver, tamanho o sofrimento.

Quando lhe dei a notícia de que necessitaria de nova cirurgia cardíaca, surpreendi-me com a sua atitude quando ajoelhou-se em louvor a Deus pela cirurgia pela qual iria passar. Embora o risco cirúrgico fosse grande, não tive alternativa, indiquei a cirurgia que graças a Deus foi excelente e hoje ele anda por aí, com o coração absolutamente bom.

Casos como o do seu Manoel são comuns no dia a dia de consultório médico, tenho certeza, caro(a) leitor(a), que você já deve ter visto ou ouvido falar de alguns.

3. O cérebro no momento de oração

A par das condições gerais de vida que a religião modifica, como a dieta, a supressão de hábitos danosos à saúde, o bem-estar psíquico e mental, existe uma grande curiosidade dos autores em entender o que se passa dentro do cérebro enquanto uma pessoa reza.

Vários estudos foram feitos nessa direção como o de Azari e cols. em 2001 que verificaram aumento do fluxo sanguíneo em áreas cerebrais durante a oração. Nesse estudo, selecionaram seis monges reconhecidamente convertidos para o catolicismo e donos de indiscutível espiritualidade e os compararam com outros seis indivíduos sem nenhuma convicção religiosa. Nos dois grupos realizaram o PET scan* antes e depois: da recitação do primeiro versículo do Salmo 23 (*O Senhor é meu Pastor e nada me faltará*), da declamação de uma rima de alegria e da leitura de uma página de uma lista telefônica. A primeira situação seria religiosa, a segunda de alegria e a terceira de incomodação.

Os autores notaram que durante o clímax da oração havia, nos religiosos, aumento do fluxo na área do núcleo motor suplementar (pré-NMS), na córtex pré-frontal dorsolateral direita (DLPC) e na área pré-cuneia direita (figura 2).

A atividade da área pré-NMS sugere a ocorrência de uma situação pré-programada, fato perfeitamente compreensível nos religiosos, condicionados a rezar e ao exercício da fé. A atividade da área pré-cuneia está ligada à memória visual e a DLPC à recuperação da memória. Eles também sugerem que a DLPC poderia estar envolvida na monitoração do pensamento e também conectada a áreas do sistema límbico, responsáveis pela imunidade.

É difícil admitir que essas alterações do metabolismo cerebral sejam especificamente consequentes à atividade religiosa, principalmente pela reduzida casuística desse trabalho. Fica, no entanto, a inferência para investigações futuras de que áreas cerebrais relacionadas ao sistema imune possam ser estimuladas com o poder da oração.

---

* PET scan é a tomografia computadorizada com emissão de pósitrons, onde a substância marcada injetada concentra-se em áreas em atividade.

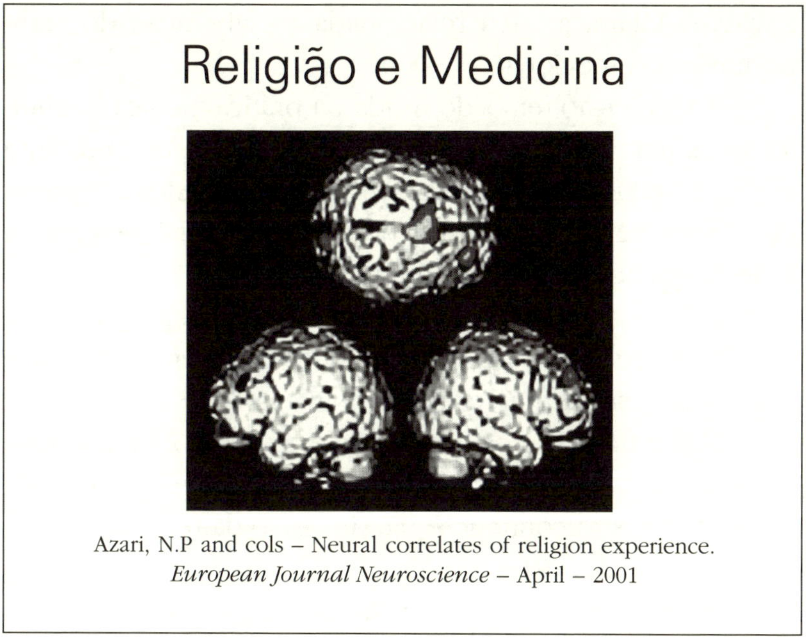

Figura 2 – PET scan de um religioso durante a oração. As áreas cerebrais ativadas estão em cinza claro.

Uma enormidade de estudos tem sido feita durante a meditação de modo que existe consenso na literatura a respeito de seus efeitos benéficos. O processo de meditação inicia-se com o relaxamento e consequentemente redução dos níveis de cortisol e da pressão arterial.

Newberg e cols. em 2001 publicaram um estudo em um grupo de oito meditadores e os compararam com nove indivíduos-controle. A perfusão do lobo frontal esquerdo estava expressivamente aumentada durante as sessões de meditação, sugerindo os autores uma relação com um componente de atenção cognitivo. Havia hipoperfusão do lobo parietal superior, relacionado ao processo de atenção e orientação espacial. Além disso, notaram um aumento da atividade talâmica, área relacionada à elaboração do comportamento emocional.

A meditação tem sido usada na prática médica há muitos anos para reduzir a ansiedade. Um estudo de Sudsuang e cols. (1991) indicou que indivíduos submetidos a meditação frequente mostram níveis de pressão arterial, de cortisol e de frequência cardíaca diminuídos.

Estudo muito interessante foi feito por Bernardi e cols. (2001), mostrando a importância da reza do terço na estabilização do sistema nervoso autonômico.

Nesse trabalho, os autores selecionaram 23 indivíduos normais que foram submetidos a eletrocardiograma de repouso, registro contínuo e não invasivo da respiração e da pressão arterial e determinação do fluxo cerebral através do doppler transcraniano. Os registros foram feitos durante um período livre de fala, durante a recitação das Aves-Marias em latim e durante respiração controlada (6/minuto).

Os resultados mostraram que durante a declamação das Aves-Marias a respiração se tornava lenta e regular (6/minuto) e também ocorriam efeitos importantes na sincronização da frequência cardíaca, pressão arterial sistólica e diastólica e do fluxo sanguíneo transcraniano, levando a consequências positivas sobre os mecanismos reguladores do sistema cardiovascular. Esses achados não foram encontrados nas outras duas condições da investigação.

Esses resultados vieram confirmar o que foi demonstrado há mais de um século, por Meyer, que propôs ser a frequência respiratória de 6/minuto, ou seja, um ciclo a cada 10 segundos, responsável pelo sincronismo do sistema autonômico, o que determina efeitos favoráveis na função respiratória e cardiovascular.

Atualmente sabe-se que frequências respiratórias como a "onda de Meyer" podem aumentar a arritmia respiratória do nó sinusal, a sensibilidade dos barorreceptores, a oxigenação do sangue e a tolerância ao exercício. A diminuição dessas respostas, por sua vez, está associada a maior risco de mortalidade cardiovascular, sendo considerada como fator de risco independente após infarto do miocárdio recente.

Na insuficiência cardíaca, ela é responsável pela redução da sensibilidade dos quimiorreceptores respiratórios determinando aumento irregular dos ciclos respiratórios. A respiração lenta pode reduzir os efeitos deletérios da isquemia cardíaca. Além disso, ciclos respiratórios de 6/minuto promovem a calma e o bem-estar dos indivíduos.

O terço é a repetição de cinquenta Aves-Marias recitadas metade pelo padre e metade pela assembleia. O que realmente surpreende é ver que cada ciclo da Ave-Maria tem exatamente 10 segundos, ou seja, os mesmos 10 segundos descritos por Meyer. Saliente-se bem que esse ciclo que é responsável pela manutenção da integridade do sistema cardiopulmonar.

Os resultados desse estudo demonstram que o terço independentemente dos seus aspectos religiosos deve ser considerado também como um fator terapêutico na promoção da saúde dos indivíduos.

4. O sistema imune

Alterações no sistema imune têm sido correlacionadas a muitos fatores como suporte social, estilos cognitivos de comportamento e pensamento. É sabido que esses efeitos são mediados em parte por determinadas regiões do cérebro, tais como o córtex pré-frontal dorsolateral (DLPC) e o pré-frontal ventromedial (VMPFC), que estão intimamente relacionadas a estruturas da amígdala e do sistema límbico, conectando-se diretamente ao hipotálamo.

Durante uma situação de estresse o hipotálamo libera o precursor (CRH) e posteriormente o hormônio adrenocorticotrófico (ACTH), na glândula pituitária. O ACTH estimula as glândulas suprarrenais a produzirem o cortisol. Uma outra via pode ser ativada através do hipotálamo, a via do lócus coerelius, que se conecta com as glândulas inervadas pelo sistema simpático, onde o estímulo estressante pode determinar a liberação de catecolaminas como a adrenalina e a noradrenalina.

O aumento da concentração plasmática das catecolaminas e do cortisol afeta o sistema imunológico do organismo, atingindo a medula óssea, timo, baço, linfonodos etc., diminuindo as respostas imunes desses órgãos.

Não é difícil entender que nossas emoções, nossos relacionamentos podem interagir com o nosso sistema imune. Um grande número de estudos tem demonstrado que existe uma relação entre o estado mental espiritual e o sistema imune.

Kielcolt e cols. em 1993 estudaram noventa recém-casados que tiveram uma discussão entre si de 30 minutos. Se havia um comportamento hostil entre eles, ocorria uma diminuição da atividade das células Non Killer, uma fraca resposta monoclonal a duas mitoses, fraca resposta proliferativa de anticorpos antirreceptores T3, um grande aumento de linfócitos T e helper T, e aumento da titulação de anticorpos antivírus Epstein–Barr. Essas alterações são indicativas de baixa regulação do sistema imune. Havia também um aumento da pressão arterial desse grupo. Esse estudo mostrou que a raiva e o ódio podem alterar o sistema imune e a pressão arterial.

Existem inúmeros estudos que correlacionam o câncer com o estresse psicossocial. Prigerson em 1997 selecionou 150 homens viúvos. Os indivíduos que apresentavam altos escores de estresse tinham grande possibilidade de desenvolver câncer entre o sexto e o décimo quinto mês de viuvez. Todos os pacientes que desenvolveram câncer tinham altos escores de estresse.

Everson e cols. em 1996 realizaram estudo em 2.400 homens de meia-idade por um período de seis anos; 174 morreram de câncer e 87 de doença cardíaca. Os que tinham altos níveis de desesperança tinham duas a três vezes mais probabilidade de desenvolver câncer e doença cardíaca do que aqueles que não tinham falta de esperança. Os grupos foram ajustados para pressão arterial, colesterol, tabagismo, etilismo, classe social, educação e história de depressão anterior e isolamento social.

Uchino e cols. em 1996 revisaram 81 estudos sobre o efeito do suporte social sobre a saúde. Nessa revisão notou-se que pessoas que eram assistidas social e economicamente pela sociedade apresentavam altos níveis de imunidade. Havia também aumento da estabilidade do sistema cardiovascular e redução dos níveis de cortisol.

Koenig e cols. (1997) mediram os níveis de interleucina 6 de uma população de mais de 65 anos. Numa população normal espera-se não encontrar altos níveis de interleucina 6, sendo essa medida um índice do funcionamento do sistema imune. Baixos níveis de interleucina 6 foram encontrados em indivíduos que frequentavam a igreja pelo menos uma vez por semana, sugerindo o efeito benéfico da prática religiosa. Altos níveis de interleucina 6 estão relacionados com câncer, infarto do miocárdio, hipertensão, mal de Alzheimer, osteoporose e artrite reumatoide.

O poder da compaixão e do perdão como efeito positivo sobre o sistema imune foi observado por McClelland e cols. em 1998. Eles estudaram setenta estudantes que foram assistir a um filme de Madre Teresa de Calcutá e compararam com outros 62, que viram outro sobre o triunfo dos aliados na II Grande Guerra. Foram dosadas as imunoglobulinas A salivares (IgA) nos dois grupos estudados. Os resultados mostraram que havia aumento significativo da IgA salivar nos estudantes que assistiram ao filme de Madre Teresa em relação ao segundo grupo. Eles sugerem que há uma ativação positiva do sistema imune. Um segundo estudo feito, medindo-se os efeitos da visualização das curas de Madre Teresa, mostrou aumento da IgA e regulação positiva do sistema imune.

Esses estudos sugerem que emoções positivas como a compaixão, o perdão e o amor fraternal podem exercer efeito benéfico sobre o sistema imune.

Em resumo, esses estudos comprovam uma correlação estreita entre a prática espiritual e mudanças positivas do comportamento cotidiano.

Crenças sociais, religiosas e espirituais quando bem aplicadas podem levar a um aumento da capacidade do nosso sistema imune reduzindo ou até erradicando um grande número de doenças.

Oração de intercessão

Avaliar a eficácia da oração de intercessão a distância tem sido objeto de alguns estudos de alta qualidade metodológica, mas nem todos mostraram resultados satisfatórios.

Um estudo que foi muito polêmico e também motivo de muitas discussões entre os céticos foi o de Randolph Byrd em 1988, em pacientes que eram internados em uma Unidade de Terapia Intensiva por infarto agudo do miocárdio.

Quando os pacientes davam entrada na UTI era perguntado se eles queriam participar do estudo. Os que concordaram foram randomizados e distribuídos em dois grupos. O primeiro de 192 pacientes recebeu oração de intercessão a distância de um grupo de intercessores e o outro com 201 pacientes não recebeu nenhum tipo de oração. Os resultados mostraram significativos efeitos da oração, tais como: cinco vezes menos uso de antibióticos, três vezes menos ocorrência de edema agudo dos pulmões, poucos pacientes necessitaram de entubação endotraqueal e houve número reduzido de mortes em relação ao grupo-controle.

Em 1999, Harris e cols. realizaram estudo randomizado duplo-cego prospectivo em 990 pacientes consecutivos admitidos em unidade coronariana. No momento da admissão os pacientes eram randomizados para receber a oração de intercessão a distância (grupo da oração = 524 pacientes) ou não (grupo-controle = 466 pacientes). Os primeiros nomes dos pacientes do grupo da oração eram dados a um time de intercessores externos que oravam por eles diariamente por quatro semanas. Os pacientes não sabiam quem orava por eles, nem os intercessores puderam encontrar-se com os doentes. Os autores encontraram menores níveis de complicações nos pacientes que receberam a oração, corroborando os achados de Byrd em 1988. A explicação desses achados, no entanto, não foi até agora encontrada.

Como abordar o assunto com o paciente? Como escolher o paciente correto?

Essas perguntas sempre me são feitas nas minhas palestras para profissionais de saúde por todo o nosso país. É impressionante o número de profissionais que gostaria de falar em Deus durante os atendimentos mas não o faz por receio da aceitação do paciente, temor de confrontos com filosofias religiosas ou preocupação do que os colegas irão achar e falar dos seus comportamentos.

A preocupação com a nossa imagem, perante nossos colegas, é assunto sério. Muitos profissionas deixam de atuar de maneira global por medo de chacotas. Muitos me perguntam:

– E para o senhor, Doutor Roque, deve ser muito difícil, pois convive com a nata da classe científica do país e, como sabe, a ciência e a fé ainda não estão totalmente juntas?

– É complicado – respondo – pois convivo na realidade de um meio científico extremamente cético. Não digo que não existiram chacotas a meu respeito, mas com o passar do tempo e principalmente com a perseverança e o testemunho diário das suas convicções religiosas, essas gozações vão se enfraquecendo até desaparecerem. O único problema, sempre ressalto, é o ciúme e a inveja que você causa, porque, com a melhoria da qualidade do seu atendimento, sua agenda ficará sempre lotada e isso é o grande motivo de certas rusgas ainda existirem.

Não há aqui no Brasil uma pesquisa que indique quantos médicos gostariam de falar em Deus nas consultas, mas tenho certeza de que esse número é grande e aumenta à medida que os profissionais perdem o receio, para não dizer vergonha, de assumir a sua religiosidade perto do seu paciente.

Existe um aspecto ético que tem que ser lembrado antes de qualquer consideração: nunca podemos interferir na denominação religiosa do paciente. É absolutamente antiético o profissional tentar converter o paciente para a sua religião durante o atendimento médico. Esse tipo de comportamento é contrário ao plano de Deus, que nos deu liberdade para decidir o melhor rumo para nossos destinos: o livre-arbítrio!

Em um encontro para profissionais de saúde da Renovação Carismática Católica, o Padre Joãozinho, figura importante na orientação teológica desse movimento, contou sua experiência durante uma consulta oftalmológica. Relatou o padre que o médico tentou por todo o custo persuadi-lo a se tornar espírita. A consulta, segundo o padre, teve pouquíssimos minutos de atendimento médico, mas muito tempo de assédio religioso. Investida errada, essa do colega, que feriu os princípios ético-profissionais.

Consultório é lugar de atendimento, não é o púlpito de uma igreja!

Mas a pergunta ainda está no ar:

– Como o senhor faz, Doutor Roque? Como sabe escolher o paciente correto? Qual o momento certo?

Existem várias formas de abordar assuntos relacionados à espiritualidade durante as consultas. Protocolos foram testados e utilizados com frequência em algumas escolas americanas que servem de base para atender o nosso paciente. É importante que se faça essa história espiritual no final da anamnese clássica, para que possamos nos tornar familiares às suas crenças, entender como se comportam e como se defendem das doenças e das situações de estresse e assim identificar suas necessidades espirituais.

Tirar uma história espiritual é muito importante por si só. Após ela o paciente se sentirá acolhido pelo médico, sentir-se-á uma pessoa e não um número de atendimento, aspecto extremamente importante no relacionamento médico-paciente e com enormes repercussões nos resultados do tratamento. Não podemos deixar de citar situações que podem conflitar com o nosso atendimento, como, por exemplo, na reposição de hemoderivados para Testemunhas de Jeová. O bom-senso deve ser usado, pois existe uma enormidade de substitutos de hemoderivados que podem tirar o paciente das situações de emergência, sem colocar sua vida em risco. É claro que em algumas circunstâncias o confronto existe e infelizmente, às vezes, o radicalismo religioso ocasiona fracassos terapêuticos desnecessários. Este é um dos exemplos em que a religião pode fazer mal às pessoas, como discuto em capítulo específico.

Um dos pioneiros que fizeram um protocolo de atendimento espiritual foi Clifford Kuhn, da Universidade de Louisville (Estados Unidos), que norteou o inquérito em sete partes, abordando: significado ou propósito, crença e fé, amor, perdão, oração, meditação e adoração. Cada área é explorada através de cinco questões, resultando num total de 35 e demorando cerca de 30 minutos para serem feitas. É um instrumento longo demais para o atendimento rotineiro, mas poderá ser viável desde que se considerem as seguintes questões:

1 – Em que você acredita ou em que você tem fé?
2 – Acredita que sua doença influenciou a sua fé?
3 – Como você pratica a sua fé na sua vida?
4 – Como a sua fé influencia o seu comportamento durante a doença?
5 – Que papel faz a fé no combate da sua doença?

Dale Mathews, professor associado de Medicina da Universidade Georgetown, sugere que os médicos devem fazer três questões aos pacientes:

1 – A religião ou a espiritualidade é importante para você?
2 – A religião ou suas crenças espirituais influenciam a forma como você vê os seus problemas médicos? Ou: o que você acha da sua saúde?
3 – Você gostaria de compartilhar comigo sua religião ou crenças espirituais?

Cristina Puchalski, da George Washington University Medical Center, desenvolveu cinco questões com uma maneira mnemônica: FICA:

F – fé – Qual a sua fé tradicional?
I – importância – A fé é importante para você?

C – comunidade – Qual a sua igreja ou comunidade religiosa?

A – aplicação – Como a aplica no cotidiano?

Existem outros tipos de protocolos descritos na literatura, mas o consenso do American College of Physicians e da American Society of Internal Medicine sugere que se façam quatro questões aos pacientes. São questões simples e de fácil memorização, que podem ser feitas após as perguntas de praxe e que recomendo a você, caro(a) amigo(a) leitor(a), para que as faça durante o atendimento do seu paciente. Elas são:

1 – É a fé importante para você nesta sua doença?

2 – Tem sido a fé importante para você em outras situações da vida?

3 – Você tem alguma coisa para falar sobre religião?

4 – Você gostaria de explorar matérias religiosas comigo?

Nunca tive problema com os pacientes quando abordava asssuntos religiosos durante as consultas. É claro que num país extremamente religioso como o nosso, mínima é a quantidade de agnósticos ou de ateus, mas sempre tive a preocupação de estar na presença de um deles, daí o cuidado durante a entrevista.

Logo de início faço a primeira pergunta:

– Você tem algum tipo de crença, de religião, acredita em Deus ou alguma coisa parecida?

Se o paciente disser que não, minha entrevista religiosa encerra-se por aí e procuro evitar assuntos relacionados à fé, para evitar confrontos desnecessários. Tenha certeza, caro(a) leitor(a), se você insistir nesses assuntos, ou querer converter o paciente, estará cometendo um grande erro e também perdendo-o, pois ele não vai querer se constranger durante as consultas, onde foi procurar um médico, não um religioso.

Se o paciente falar que sim, que acredita em Deus ou algo semelhante, continuo minha entrevista e vou para a segunda pergunta:

– *A fé é importante para você em outras situações de vida?*

A grande maioria dos pacientes responde afirmativamente e alguns até me relatam situações em que a fé foi importante para eles. Temos que ouvir atentamente. Às vezes o paciente, sentindo abertura para falar, conta-nos coisas que jamais diria para outras pessoas. Nesse momento é que o relacionamento médico-paciente começa a ser mais íntimo, mais informal e também mais produtivo no resultado do atendimento.

A terceira pergunta é muito perigosa e deve ser feita com muita cautela, pois podemos entrar em discussões de pontos teológicos desnecessários. Pergunto:

– *Qual o seu tipo de religião ou crença? Qual a sua denominação religiosa?*

Faço essa pergunta para evitar uma “guerra religiosa” dentro do consultório. Por exemplo, se estou na frente de um paciente evangélico tenho de tomar alguns cuidados, pois sendo católico possuo alguns ícones no consultório que podem ser motivos de discussão. Logo de início já lhe digo minha filiação religiosa e tomo o máximo cuidado de não falar nos assuntos que polemizam a relação católicos *x* protestantes, como idolatria das imagens, virgindade de Maria, os irmãos de Jesus, fidelidade ao papa, o purgatório e outros aspectos que somente servem para dividir ainda mais os cristãos.

Lembrei agora do caso de dona Maria, a senhora de 90 anos evangélica que a todo custo queria me converter ao protestantismo, como descrevi no meu livro *Milagres que a medicina não contou*. E eu a queria ver filiada à Igreja Católica. Depois de algumas discussões acaloradas e sem propósito algum vi que eu não me tornaria um evangélico e nem ela uma católica. Foi uma lição para mim. Acho que, enquanto católicos e protestantes brigam, esquecem-se de louvar e agradecer a Deus o significado da nossa existência.

Quando as pessoas se convertem, ou seja, encontram o seu caminho de fé, querem que todos ao seu redor compartilhem da mesma felicidade; é por isso que, logo que me converti, quis transformar o mundo, tentando evangelizar todos que entravam no meu consultório. Estava embevecido por ter encontrado Jesus que queria que todos também O conhecessem. Mas, como tudo o que é exagerado não é abençoado, fui responsável por algumas situações indelicadas que quero aproveitar este momento para me redimir com as pessoas a quem magoei.

Sendo recém-convertido e cheio do fogo do Espírito Santo, queria a conversão de todos os pacientes. Após fazer a consulta médica, durante a prescrição, lia passagens bíblicas para quase todos. Milagres ali aconteciam. Jamais imaginaria que seria capaz de, durante uma consulta médica, evangelizar as pessoas.

Para evitar esse drama e também para poder me defender das acusações anticatólicas resolvi preparar umas anotações, que deixava dentro da gaveta do consultório para disfarçadamente utilizar quando algum protestante me questionava. Sempre que isso acontecia, ligava para meus amigos padres para que me ensinassem como sair do problema.

Os questionamentos e as respostas eram:

Vocês católicos adoram imagens, são idólatras, pois não observam o que Deus fala em Êxodo 20, 4: "Não farás para ti escultura alguma do que está em cima nos céus, ou abaixo sobre a terra, ou nas águas, debaixo da terra".

Respondia com toda a força e sabedoria:

– O mesmo Deus, no mesmo livro do Êxodo, manda Moisés fazer dois querubins de ouro e colocá-los por cima da Arca da Aliança (Êxodo 25, 18-20). Manda-lhe também fazer uma serpente de bronze e colocá-la por cima duma haste para curar os mordidos pelas serpentes venenosas (Números 21, 8-9). Manda, ainda, Salomão enfeitar o templo de Jerusalém com imagens de querubins, palmas, flores, bois e leões (I Reis 6, 23-35 e 7, 29). Seria uma blasfêmia dos protestantes considerarem Deus como incoerente já que num lugar da Bíblia Ele manda fazer imagens e na outra as proíbe. Além disso, as imagens são feitas apenas para nos lembrarmos da vida dos santos que são exemplos para nós. Não somos adoradores de imagens, tampouco idólatras.

O batismo dos católicos não é válido! Só os adultos que creem podem receber validamente o batismo, que só vale por imersão.

Respondia-lhes:

– Onde estão as provas bíblicas para essa afirmação? Não existem. Alguns crentes afirmam que Jesus foi batizado no Jordão por imersão. Os Evangelhos não falam disso. Outros afirmam que *baptizare* em grego signfica imergir em água. Os biblistas porém documentam que em várias passagens da Bíblia esta palavra significa igualmente "lavar" ou "molhar". Alguns textos bíblicos indicam o batismo feito por imposição. Em Atos 8, 36 lemos sobre o batismo do eunuco etíope feito pelo diácono Felipe no caminho entre Jerusalém e Gaza, onde não existe nenhum rio ou lagoa em que seria possível batizá-lo por imersão. Há apenas nascentes.

São Paulo em Colossenses 2, 11 disse: "Nele também fostes circuncidados com circuncisão não feita por mão de homem, mas com a circuncisão de Cristo, que consiste no despojamento de nosso ser carnal".

E a circuncisão dos judeus era feita em crianças.

Os primeiros cristãos que reconheciam zelosamente a doutrina e a prática religiosa recebida dos apóstolos batizavam os recém-nascidos, como São Cipriano: "Do batismo e da graça não devemos afastar as crianças", ou Orígenes: "A Igreja recebeu dos apóstolos a tradição de dar batismo também aos recém-nascidos".

Os católicos confessam-se com os padres que também são pecadores; os crentes confessam-se somente com Deus! Porque está na Bíblia: "Quem pode perdoar os pecados, senão Deus?" (Marcos 2, 7).

Jesus legou aos apóstolos e aos seus legítimos sucessores o poder de perdoar os pecados, no dia mais solene, da Sua Ressureição, quando lhes apareceu e disse: "Assim como o meu Pai me enviou, também eu os envio a vós". Tendo dito isso soprou sobre eles e disse-lhes: "Recebei o Espírito Santo. Àqueles a quem perdoardes os pecados, ser-lhes-ão perdoados, e aqueles a quem os retiverdes ser-lhes-ão retidos" (Jó 20,21 21-23).

Católicos acreditam na presença real de Jesus na Eucaristia. Protestantes acham que as espécies sagradas da última ceia apenas simbolizam o Corpo e o Sangue de Jesus.

As provas bíblicas da real presença de Jesus na Eucaristia são várias. Os Evangelhos foram escritos em grego, língua em que existem muitas expressões para os verbos "simbolizar", "significar", "representar", "lembrar" etc. Os três evangelistas e São Paulo descreveram a última ceia de Jesus usando exclusivamente a palavra "é": "Isto é o meu corpo; este é o cálice do meu sangue" (Mateus 26,26s; Marcos 14,22s; Lucas 22,19s; I Coríntios 11,23s).

O Papa é a predita besta do Apocalipse! "Quem tem inteligência calcule o número da besta porque é o número de homem; este número é 666" (Apocalipse 13, 18). Ora se o papa é chamado Vicarius Filii Dei *(Vigário do Filho de Deus), somando-se as letras teremos 666, o número da besta!*

Cada livro da Bíblia foi escrito e destinado em primeiro lugar ao povo contemporâneo, ou seja, da mesma época. Assim João Evangelista escreveu o Apocalipse para os cristãos da Ásia Menor, onde esses eram perseguidos pelo cruel César Nero. Seu nome grego, em caracteres hebraicos, soma 666.

Os católicos ensinam que Maria ficou sempre virgem, porém em vários lugares da Bíblia lemos de irmãos de Jesus, portanto Maria devia ter outros filhos, além de Jesus!

Na linguagem bíblica irmão é frequentemente usado em lugar de primo, sobrinho, tio, parente. Por exemplo, em Gênesis, 13, 8 Abraão diz a Ló: "Somos todos irmãos", enquanto em Gênesis 11, 27-31 consta claramente que Ló era filho de Aran – irmão de Abraão, portanto seu sobrinho. Usar o termo irmão era na verdade uma forma de se dirigir a um conviva. Os evangelistas Marcos e Mateus enumeram como irmãos de Jesus: Tiago, José, Judas Simão (Mateus 13, 55 e Marcos 6, 3). Porém na cena da crucificação de Jesus, João Evangelista coloca debaixo da cruz: "Sua mãe, a irmã da sua mãe, Maria, mulher de Cleofas e Maria Madalena".

Enquanto Marcos acrescenta que esta outra Maria (irmã da Mãe de Jesus) era mãe de Tiago, o Menor, e de José. Estes últimos eram portanto sobrinhos de Jesus (Jó 19, 25 e Marcos 14, 40). Ora, Judas Tadeu, apóstolo, declara-se no início da sua carta (Judas 1, 1), "Judas, servo de Jesus Cristo e irmão de Tiago". O mesmo se dá com Simão Apóstolo.

Maria – Mãe de Deus? É uma questão sempre feita pelos protestantes que não aceitam Maria como mãe de Deus.

Em Lucas 1,43, Isabel fala a Maria: "Donde me vem a honra que a mãe do meu Senhor me visite?". Estas palavras bíblicas mostram perfeitamente que Maria foi escolhida para ser a Mãe de Deus.

Muitos protestantes ignoram que Lutero e Calvino não negaram o dogma da Divina Maternidade de Maria.

Lutero escreveu:

"Não há honra, nem beatitude, que sequer se aproxime por sua elevação da incomparável prerrogativa superior a todas as outras de ser a única pessoa humana que teve um Filho em comum com o Pai celeste" (*Deutsche Schriften*, 14,250).

E Calvino: "Não podemos reconhecer as bênçãos que nos trouxe Jesus sem reconhecer ao mesmo tempo quão imensamente Deus honrou e enriqueceu Maria ao escolhê-la para Mãe de Deus" (*Commentaire sur l'harmonie évangélique*, 20).

Essas discussões foram se tornando cada vez menos frequentes quando comecei a perceber que enquanto discutia detalhes teológicos e bíblicos esquecia do que Jesus mais ensinava: o amor fraternal.

Felizmente essas más experiências foram boas para mim, pois agora atendi a um conselho que o Padre Alejandro e o Padre Alexandre Pacioli, dos Legionários de Cristo, me deram quando faziam um *check-up* comigo lá no Incor. Eles me disseram:

– Doutor Roque, nessas suas palestras nunca aborde temas que vão ocasionar discussão, pois isso não vai dar em nada. Se você quer evangelizar os médicos faça-o com prudência e calma, evite problemas para que você sempre esteja entre eles, falando de Deus de uma forma indireta, porém firme.

Prosseguindo na história espiritual vou para a terceira pergunta:

– *Você gostaria de falar de religião comigo? Que tipo de tema quer falar?*

Acho essa pergunta muito complicada pois abre um leque muito grande para o paciente discutir assuntos que podem exigir uma formação teológica que nós médicos brasileiros não temos. Não somos como os americanos que têm dentro das escolas médicas esse tipo de formação. Em 2002, 86 das 120 escolas de medicina dos Estados Unidos tinham como matéria curricular ou extracurricular "Medicina e Espiritualidade" de modo que o jovem médico saía dos bancos universitários com formação religiosa suficiente para discutir qualquer tipo de assunto teológico.

Quem sabe um dia, aqui no Brasil, maior país católico do mundo, tenhamos nas nossas escolas médicas esse tipo de formação. Entrego ao Senhor esse desejo.

Mas com essa pergunta aprendi muito sobre outras religiões e outras culturas. Foi muito produtivo quando perguntei ao Said qual o tipo de religião dele. Prontamente me respondeu:

– Doutor Roque, sou muçulmano, religião que trouxe do meu país, o Líbano.

– E você frequenta?

– Claro doutor, não existe muçulmano não praticante como os católicos. Nós temos os preceitos a seguir, os cinco momentos de oração diários, voltados para Meca, o jejum do mês de dezembro, o Ramadã. Nós respeitamos Maria como a Virgem Mãe de Jesus Cristo, um grande profeta.

Islamismo

O islamismo não é uma religião nova, tem aproximadamente 1.500 anos, e é tão antiga quando o cristianismo. Hoje cerca de 1,3 bilhão da população mundial é muçulmana (*um quinto da população do planeta*). É a religião que mais cresce. Cerca de 70% dos intelectuais que se convertem a uma crença escolhem o islamismo. Praticamente em todos os países do mundo existem muçulmanos. O islamismo é uma verdade que Deus revelou ao profeta Mohammad (Maomé), no século VII, que além de religião é um sistema de vida completo.

Maomé nasceu em Meca e recebeu a primeira revelação já na idade adulta, durante um retiro nas montanhas. Foi bastante contestado, pois pregava um Deus único numa sociedade politeísta, o que o obrigou a transferir-se para Medina, data esta muito valorizada pelos mulçumanos, pois marcou a nova era iniciada pelo Profeta e foi ponto de partida para um novo calendário.

Os muçulmanos seguem o livro sagrado Alcorão (Qur'ãn), que contém a última mensagem revelada por Deus à humanidade.

Islã ou islamismo significa "submissão" e Alcorão quer dizer "recitação".

Um bom muçulmano deve observar e aderir a estes cinco pilares:

1) A profissão de fé – "Não há outro deus a não ser Deus e Maomé é o enviado de Deus".

2) Oração – a oração ritual deve ser recitada cinco vezes ao dia, em horários predeterminados.

3) Esmola ritual – contribuição financeira de solidariedade entre os muçulmanos com o objetivo de auxiliar os pobres e não permitir que a avareza crie raízes no indivíduo.

4) Jejum – durante o mês do Ramadã, do calendário islâmico, é obrigatório o jejum de comida, bebida, fumo, sexo e perfume, do amanhecer ao pôr do sol, durante todo o mês.

5) Peregrinação a Meca, ao menos uma vez na vida, onde o ritual é bastante rigoroso, marcado pela prática de dar sete voltas em torno da Caaba (Templo Muçulmano situado em Meca), tocar e beijar a pedra negra, já venerada por antigas tribos árabes antes de Maomé.

Os muçulmanos creem em um único Deus; nos Anjos; nos profetas que trouxeram revelações de Deus à humanidade; no fim do mundo; no juízo final, onde todos prestam contas de seus atos a Deus. Ele tem autoridade no destino do homem e na sua morte, e esta vida é uma provação para uma próxima vida no reino de Deus.

Os profetas que os muçulmanos creem serem portadores das revelações de Deus são: Adão, Noé, Abraão, Ismael, Isaac, Jacó, José, Jó, Moisés, Arão, Davi, Salomão, Elias, Jonas, João Batista e Jesus Cristo. O último profeta de Deus é Mohammad, que revelou as verdades de Deus por intermédio do Anjo Gabriel.

O islamismo proíbe o consumo de carne de porco e drogas (produtos que causam dependências). O consumo de bebida deve ser moderado e é uma obrigação levar uma vida saudável.

Voltando à conversa com o Said e conhecendo as regras da vida muçulmana, comecei a me preocupar como o paciente iria suportar todas as restrições que a minha conduta médica iria lhe dar. Sendo diabético dependente de insulina, não poderia ficar muito tempo em jejum nos períodos de Ramadã. Isso fatalmente lhe ocasionaria hipoglicemia.

Por outro lado, recém-operado de safenas e ansioso para poder voltar a ter relações com a esposa, queria que eu o logo liberasse para isso. Aí estava o problema para mim, pois sendo muçulmano tinha três esposas (mesmo morando sob as leis brasileiras que proíbem a poligamia), mas fui perguntando:

– E aí Said, como você vai fazer? Não dá para ir na casa das três esposas em um só dia, porque você está se recuperando de uma cirurgia enorme. Acho melhor você esperar um pouco.

– Não dá doutor, o senhor que tem sangue árabe como o meu sabe muito bem como são os patrícios. Não brincamos em serviço. Segundo as nossas leis, tudo o que der para uma esposa tenho que dar para todas, mas vou fazer diferente, vou dormir um tempo na casa da mais nova e assim vou levando até o senhor me liberar de vez.

– É isso aí, turco sem-vergonha – disse-lhe de uma forma carinhosa, pois tinha muita liberdade com ele. – Com você não tem jeito, mas olhe lá, não vá me arrumar encrenca.

Certo tempo depois, Said chega ao consultório sem horário marcado dizendo que queria apenas falar comigo. Estava voltando do Líbano e me trouxe um pote de azeitonas verdes que colheu diretamente das oliveiras da família, um pacote de pistache e um de tâmaras.

– Doutor – disse Said –, vim lhe trazer estes presentes para o senhor se lembrar da terra dos seus avós, para agradecer o que o senhor fez por mim. (Vale a pena frisar que trago sobrenome italiano por parte de pai, mas o sangue árabe vem da minha mãe, família Saliba.)

Deixei o pote de azeitonas na geladeira de casa e ao experimentá-las vi que estavam amargas. Minha esposa Gisela, apaixonada por azeitonas, logo foi direto ao pote e também teve a mesma decepção. Provavelmente estavam verdes ainda.

Passados uns dias sempre que abria a geladeira e pegava a azeitona sentia o gosto amargo, até que, durante uma faxina, Gisela optou por desprezar as azeitonas.

Tempos depois, numa conversa com a Julieta, nossa amiga e famosa decoradora de São Paulo, Gisela falando que eu parecia um médico do interior pois recebia todo o tipo de presentes dos clientes, ao contar-lhe o episódio das azeitonas, foi interrompida pela Ju que falou:

– Gi, você não sabe que essas azeitonas verdes que recebeu do paciente libanês representam um presente especial? Eles oferecem a primeira colheita das suas oliveiras para pessoas consideradas especiais desejando-lhes prosperidade.

Ela nem respondeu, somente virou o olhar para mim e sem dizer nada entendemos tudo. Pela ignorância nossa dos costumes daquele muçulmano não esperamos as azeitonas amadurecerem no vidro e as desprezamos. É claro que o coitado do Said não ficou sabendo dessa gafe nossa.

Espiritismo

Uma vez atendi uma senhora, toda enfeitada com os adornos carismáticos, que se você não os conhece, caro leitor, são aquelas tiaras, pulseiras, *bottoms* etc., com imagens de santinhos. Essa senhora pertencia a um grupo de oração carismático conhecido e muito bem conceituado pela liderança da Renovação Carismática Católica (RCC) local. Essa senhora me disse:

– Doutor Roque, venho procurar o senhor pois sei que é muito religioso, pertence à RCC e escreveu livros maravilhosos. Estou passando por uma fase difícil da minha vida. Estou com tudo o que o senhor escreveu no seu livro sobre depressão, além da diabetes e da pressão alta que tenho. Não aguento mais.

Ouvi com atenção tudo o que ela tinha a me falar, fiz as perguntas habituais da anamnese, parti para o exame físico e no momento em que pedia alguns exames e fazia a prescrição perguntei:

– E a fé? A quantas vai? Rezando muito?

– Doutor, minha fé está fria, parada. Não aguento mais essa minha vida. Cansei de rezar, ir à missa, comungar, confessar-me e de ler a Bíblia. Parece que Deus não meu ouve! Esta semana cheguei ao máximo. Resolvi procurar outro tipo de ajuda, fui a um centro espírita para receber uma oração de cura. Nesse centro tinha um médium que recebia o espírito de um médico, que me tratou.

– Não entendi, você não é católica carismática? Você não pertence ao grupo de oração da Igreja X?

– Sim, doutor, já lhe falei disso, por quê?

– Veja bem, a senhora tem todo o direito de frequentar o que quiser. Temos o arbítrio de decidir sobre nossas vidas, mas o que está pegando é que como pode a senhora frequentar religiões tão distintas, o cristianismo e o espiritismo?

– Como, doutor, o que tem de errado no espiritismo? São pessoas que só fazem o bem, sem remuneração alguma e tem mais, antes de qualquer reunião todos rezam o pai-nosso, ave-maria e o glória-ao-pai. Tem várias imagens de Jesus Cristo e Nossa Senhora. É a mesma coisa.

– Desculpe, minha senhora, não há nada de errado nas pessoas espíritas. Realmente sempre estão empenhadas em praticar o bem, a caridade. O que não concordo é com essa misturança de ritos que existe no Brasil, descaracterizando as filosofias religiosas.

Pesquisando um dia a literatura espírita, para entender suas raízes, aprendi que a palavra espiritismo, ou doutrina espírita, foi criada pelo professor francês Hippolyte Léon Denizard Rivail, em meados do século XIX, para designar os princípios que regem as relações do mundo material com os espíritos ou seres do mundo invísivel, a partir dos estudos de manifestações, ou de fenômenos que a ciência não explicava, mas que se repetiam ou ocorriam em várias partes do mundo.

Os fenômenos ocorridos na cidade de Hydesville, no estado de Nova York, Estados Unidos, marcam o início do estudo dessas manifestações. O pastor protestante John Fox, sua esposa e suas duas filhas, Margarida e Catarina, estavam conversando sobre fenômenos de assombração. Primeiro,

Catarina e depois Margarida estalaram seus dedos e tiveram a impressão de que isso fosse repetido por alguém. O medo se apoderou de todos. A senhora Fox perguntou: "É espírito? Se é espírito, bata duas vezes". Ouviram-se duas batidas. Não tendo outra explicação para o fenômeno, os presentes concluíram que se tratava de um espírito "desencarnado" que queria entrar em comunicação com eles.

Fenômenos que aconteceram mais tarde foram interpretados como novas manifestações da presença de espíritos. Entre eles, salientamos o das mesas giratórias: as pessoas se colocavam em torno de uma mesa pondo suas mãos em cima dela; faziam perguntas aos espíritos e a mesa respondia com golpes e movimentos determinados.

Outras pessoas fora dos Estados Unidos começaram a interessar-se por esses fenômenos. Uma dessas foi o citado professor Hippolyte Rivail que fez várias pesquisas e também chegou à conclusão de que a única explicação possível fosse a atuação dos espíritos. Não apenas isso, mas ele pensou também que era a pessoa escolhida pelos próprios espíritos para escrever e codificar, sob a inspiração dos mesmos, a doutrina espírita. Assim, começou a escrever seu primeiro livro, *O livro dos espíritos*, que contém mais de mil perguntas que fez aos espíritos e as respostas que eles lhe deram. Seguiram-se outras obras, como *O livro dos médiuns* e *O Evangelho segundo o espiritismo*. Rivail tinha a convicção de ser a reencarnação de um druida, isto é, de um sacerdote dos antigos gauleses, chamado Allan Kardec, e sob esse pseudônimo escreveu todas as suas obras.

Atualmente, ele é pouco conhecido na França, mas o espiritismo é difundido em outros países, especialmente no Brasil.

A doutrina espírita formou-se a partir da experiência dos médiuns e inspirou-se nas afirmações que foram atribuídas aos espíritos. Deus é visto como criador, é a inteligência suprema, autor de tudo o que existe, os espíritos e a realidade material. É eterno, imutável, único, todo-poderoso, soberanamente justo e bom.

No homem há, segundo os espíritas, três elementos: *o corpo*, semelhante ao dos animais e animado pelo mesmo espírito vital; *a alma*, isto é, o espírito encarnado no corpo (o corpo, conforme a visão dos espíritas, é "o alambique no qual o espírito tem que entrar para se purificar"); e o perispírito, laço que une a alma ao corpo, seria como uma espécie de invólucro semimaterial. A morte destrói o corpo, mas não o perispírito, que acompanha a alma.

O perispírito é invisível, mas pode tornar-se visível quando os espíritos se comunicam e aparecem. O perispírito seria o resultado da condensação de energia e é chamado também de corpo fluídico. Ele guarda a memória de vidas anteriores, seria o "arquivo" do espírito. Com a morte, perde-se a parte mais grosseira dos três, isto é, o corpo.

As almas foram criadas simples e ignorantes. Enveredam, contudo, por caminhos diferentes, umas pelos caminhos do bem, outras pelos caminhos do mal, conforme sua liberdade de arbítrio.

Passando por diversas encarnações, o espírito alcança um nível cada vez mais superior, livre de impurezas. Em cada encarnação, o espírito salda as dívidas que acumulou por causa de suas culpas nas vidas anteriores, não necessitando do perdão de Deus. O espírita não admite que Deus nos perdoe de algo feito errado, mas sim que paguemos por isso em outra encarnação que pode ser na Terra ou em outros planetas, segundo as teorias de Kardec.

Essa doutrina elimina totalmente a missão que Jesus Cristo teve ao morrer na cruz para a remissão dos pecados da humanidade. O espiritismo não considera Jesus como filho de Deus, mas sim um espírito de luz reencarnado.

O carma explica as sucessivas reencarnações. Carma é um conceito do hinduísmo que significa "o conjunto das ações do homens e suas consequências". Pelo carma, a alma reencarna sucessivamente até se purificar completamente. É pelo amor e a caridade que acontece essa purificação.

O lugar da purificação pode ser a Terra ou outros mundos no Universo. A Terra é um dos mundos mais atrasados, se comparado com outros. Nela, o invólucro da alma, o corpo, é um dos mais pesados e grosseiros. À medida que o espírito se purifica, encarna em mundos mais elevados, onde as características do corpo se aproximam mais do perispírito. Enquanto o hinduísmo admite que a reencarnação pode dar-se também num animal, segundo os espíritas só é possível na espécie humana.

Os espíritos desencarnados não ocupam lugares determinados, mas estão por toda parte; isso quer dizer que podem estar também ao nosso lado, ver-nos e conviver conosco.

O sofrimento pode ser explicado pela lei do carma, em razão da necessidade pessoal de purificação. Através do carma, cada espírito faz sua evolução para uma vida moralmente superior.

Espiritismo e cristianismo

Segundo o que ensina Kardec, "o papel de Jesus não foi simplesmente o de um legislador moralista. Ele veio cumprir as profecias que haviam anunciado o seu advento. Sua autoridade decorria da natureza excepcional do seu espírito e da natureza divina de sua missão. Ele veio ensinar aos homens que a verdadeira vida não está na Terra, mas no Reino dos Céus; ensinar-lhes o caminho que conduz até lá, os meios de se reconciliarem com Deus e os advertir sobre a marcha das coisas futuras, para o cumprimento dos destinos humanos" (*O Evangelho segundo o espiritismo*).

O espiritismo não reconhece a divindade de Jesus na sua identidade com Deus mas, como afirma Allan Kardec, "Jesus é filho de Deus como todas as criaturas. Ele o chama de Pai, como nos ensinou a chamá-lo de nosso Pai. Ele é o Filho muito amado de Deus porque, tendo chegado à perfeição que se aproxima de Deus, possuía toda a sua confiança e toda a sua afeição. Ele mesmo se diz Filho unigênito, não porque seja o único que tenha chegado a esse grau, mas porque só ele era predestinado para essa missão na Terra" (*Obras póstumas*).

Portanto, Jesus Cristo seria um espírito muito evoluído através de suas sucessivas reencarnações. Deus enviou o espírito de Jesus à Terra não para que se purificasse, mas para que ensinasse aos homens deste planeta pouco evoluído o caminho do bem e do amor.

Depois dessas informações sobre o espiritismo, caro(a) leitor(a), volto à história daquela senhora que se dizia católica carismática, mas aceitava os dogmas de Kardec.

Ao terminar a consulta, após mostrar-lhe as diferenças entre as duas crenças, a paciente me disse:

– Doutor, eu não sabia disso, pensei que era a mesma coisa, pois as rezas são iguais.

– Eu sei que existe uma grande confusão no meio católico por causa do enorme sincretismo, mas uma coisa é certa, o cristão verdadeiro não aceita a reencarnação, conforme os ensinamentos do próprio Jesus Cristo aos Hebreus (9, 27):

Como está determinado que os homens morram uma só vez, e logo em seguida vem o juízo.

– Mas a senhora não fique triste por causa dessa enorme confusão, pois há milhares de católicos que ainda não conhecem verdadeiramente o Evangelho de Jesus Cristo, pois frequentam sessões espíritas, são adeptos da astrologia, de cartas de adivinhação, runas e todos os tipos de jogos para adivinhar o futuro. Eles nem imaginam que estão infringindo uma determinação dada por Deus ao povo eleito no livro do Deuteronômio (18, 8):

Não se ache no meio de ti quem faça passar pelo fogo seu filho ou sua filha, nem quem dê ouvidos à adivinhação, à astrologia, aos agouros, ao feiticismo, à magia, ao espiritismo, à adivinhação ou à invocação dos mortos, porque o Senhor, teu Deus, abomina aqueles que se dão a essas práticas, e é por causa dessas abominações que o Senhor, teu Deus, expulsa diante de ti essas nações.

Depois que a senhora saiu da minha sala comecei a fazer uma análise crítica da minha atitude, questionando se não entrei na individualidade dela ou se não fiz do consultório um púlpito religioso, pois no meio da conversa vi-me fazendo citações bíblicas como se estivesse em uma das minhas pregações. Refleti, pedi ajuda ao Senhor para resolver essa questão e depois vi que na verdade eu estava apenas orientando uma pessoa que, inconscientemente, fazia algo em desacordo com a sua própria fé. Às vezes tomamos atitudes que podem nos parecer inocentes e fúteis, mas que, indo em direção oposta das diretrizes da nossa espiritualidade, ocasionam desequilíbrios espirituais responsáveis pelos quadros de ansiedade e de depressão.

Budismo

Lembrei agora de um paciente que se disse budista. Como não entendia nada sobre essa religião, procurei me informar a esse respeito, batendo à porta do Padre Javier, eminente sacerdote dos Legionários de Cristo, dono de um conhecimento teológico muito grande e que sempre me auxilia quando tenho questões que não consigo responder.

É importante que conheçamos detalhes sobre essa religião, que, nos últimos anos, tem recebido muitos adeptos no Brasil.

Padre Javier deu-me uma aula a respeito do assunto que transcrevo para você, querido(a) leitor(a):

"O budismo nasceu na Índia, no século VI a.C., como movimento de reforma do bramanismo. O príncipe Sidharta Gautama, conhecido mais tarde como Sakyamuni (sábio do clã Sakya), de um reino ao norte da Índia, acometido de profunda tristeza por ver a injustiça da diferenciação social por castas e a corrupção que invadira o país, depois de alteradas as tradições religiosas pelos abusos da teocracia, ávida de poder, renuncia à vida faustosa do palácio e embrenha-se na floresta.

A compaixão pelos sofrimentos humanos levou-o a viver em retiro espiritual, como monge mendicante, procurando descobrir a razão de tantas dores e a solução para o enigma da vida. Após sete anos de estudo e meditação, encontrou finalmente resposta às suas indagações.

Voltando à civilização, trouxe não qualquer crença diferente, mas apenas outra expressão da lei, criando uma nova religião: o budismo.

Rapidamente dele se acercaram vários discípulos famintos de conhecimento, que o reconheceram como Buda, isto é, o Iluminado. Dedicou esses 45 anos restantes de sua vida a ensinar e estabelecer a nova doutrina que, ao contrário da maior parte das religiões, não tem origem em Revelação Divina, mas sim na lógica.

Os princípios defendidos por ele em nada diferem do bramanismo, exceto no que se refere à segregação de castas, por constituir frontal negação das Leis do Amor e da Caridade, consideradas nesta, como nas demais religiões, virtudes imprescindíveis para o alcance da Perfeição, meta do ser humano.

Seus ensinamentos foram conservados por seus discípulos na obra *Tripitaca*, significando As Três Cestas da Sabedoria. Constituem os Livros Sagrados do budismo. Interpretados pelo leigo, parecem estabelecer simples regras de conduta, mas meditados refletem as Verdades Divinas, que apesar de não estar encobertas por alegorias, não são expostas claramente, mas apenas subentendidas. Demandam reflexão e conhecimento para serem absorvidas na verdadeira acepção. A Segunda Cesta, Suta Pitaca, contém o Dhammapada, ou Senda da Virtude, livro de provérbios, inteiramente escrito em poesia.

As máximas desses provérbios baseiam-se na aceitação dos preceitos em mandamentos básicos contidos nas orientações intituladas Doze Elos, As Quatro Nobres Verdades, O Óctuplo Caminho e As Dez Perfeições. Os preceitos encimados pelo título "Doze Elos" mostram a origem do sofrimento e o que ocasiona a sua extinção. Consiste na exposição de uma sequência de encadeamentos de qualidades negativas que levam ao sofrimento. A mesma sequência, dominada, promove o seu fim.

A primeira das Quatro Nobres Verdades aponta uma série de fatos, situações e sentimentos geradores de sofrimento. A segunda demonstra que tais coisas provêm do desejo, concluindo ser esse a causa da dor. A terceira explica que apenas com a aniquilação do desejo cessa o sofrimento. A quarta indica a observância do Óctuplo Caminho para se atingir esse objetivo. O Óctuplo Caminho expõe a maneira correta da crença (isenta da superstição e da ilusão), da resolução, do falar, da conduta, da ocupação, do esforço, da contemplação e da concentração.

As Dez Perfeições consideradas por Buda são: doação, dever, renúncia, discernimento, coragem, paciência, verdade, resolução, carinho e serenidade.

O budismo prega a introspecção, renúncia e compaixão com grande veemência. Explica que para se obter essas virtudes antes é necessário alcançar a paz interior. A maneira de se obter essa paz é muito elaborada nessa religião. Grande ênfase é dada ao saber, à prática do bem e à extinção do desejo. Dizia Buda: "A ignorância é o mal soberano de que decorrem o sofrimento e a miséria humana. O conhecimento é o principal meio para se adquirir a elevação da vida material e espiritual. É necessário praticar o bem porque o bem é o fim supremo da Natureza". Realmente, só um iluminado poderia proferir tais palavras. Ele nada ensinou sobre Deus, por julgar que ninguém conseguiria concebê-Lo. Tanto ele como seus discípulos realizavam o Diana, ou a contemplação, o êxtase. Afirmava ele ainda: "Descobri uma Verdade profunda, difícil de ser percebida; ela cobre de paz o coração, é sublime, ultrapassa qualquer pensamento, mas é secreta e só o sábio é capaz de aprendê-la. No turbilhão do mundo agita-se a humanidade; no turbilhão do mundo encontra ela a sua sede e o seu prazer. Para a humanidade há de ser coisa difícil perceber o encadeamento das causas e efeitos; e mais difícil ainda compreender a entrada no repouso de todas as formações, o desprendimento das coisas terrenas, a extinção da paixão, o Nirvana". Essa expressão, mal interpretada em muitas ramificações do budismo, passou a significar a perda da individualidade ou o esvaecimento do ser, quando, na realidade, constitui-se na conquista do último estágio evolutivo: a completa liberação de anseios. É um estado de elevação espiritual que abrange todos os conhecimentos, e todos os sentimentos mais puros se integram como uma condição do Ser. Nada mais é do que o coroamento da Perfeição, pela qual Amor e Saber, conjuntamente, atingem sua maior plenitude proporcionando a verdadeira Sabedoria. Unicamente no Tibete manteve-se tal concepção na forma correta.

Com o passar do tempo, os povos orientais transformaram esse conceito de renúncia consciente numa doutrina de aniquilamento voluntário e prostração intelectual que nenhuma semelhança tem com a ideia original.

Três séculos após a morte de Buda, o rei Açoca, cujo reinado foi de 234 a 188 a.C., e seu filho Maedra estabeleceram o budismo como religião oficial na Índia e o introduziram no Ceilão. Espalhou-se por toda a Ásia, penetrando no Tibete, China, Coreia e Japão. Séculos depois, apesar de firmemente estabelecido nos outros países, quase desapareceu de seu berço natal. Foi combatido pelos brâmanes, que não o aceitavam; sofreu transformações e adulterações, como toda religião, abafando o seu pensamento original. O ramo sul da Ásia, principalmente em Ceilão e Burma, conhecido como Hinaiana ou O Pequeno Caminho, conservou sua forma mais íntegra, deísta e espiritualista.

No norte, notadamente na China e no Japão, desenvolveu-se um sistema mais complexo e materialista, que ficou conhecido como Maaiana, O Grande Veículo. Também na China o dualismo do Universo, os dois fatores de natureza oposta: macho e fêmea, positivo e negativo, energia e matéria, apresentados como Yin e Yang.

Judaísmo

Embora tenha atendido muitos judeus no consultório, noto que a grande maioria deles evita falar da sua religião, exceto o Paulo, com quem aprendi muito do judaísmo e também de quem ganhei um livro dos Maimonides, as leis judaicas.

O judaísmo é considerado a primeira religião monoteísta a aparecer na história. Tem como crença principal a existência de apenas um Deus, o criador de tudo. Para os judeus, Deus fez um acordo com os hebreus, fazendo que eles se tornassem o povo escolhido a quem caberia a terra prometida.

Atualmente a fé judaica é praticada em várias regiões do mundo, porém é no Estado de Israel que se concentra um grande número de praticantes.

A Bíblia é a referência para entendermos a história desse povo. De acordo com as escrituras sagradas, por volta de 1800 a.C., Abraão recebeu uma sinal de Deus para abandonar o politeísmo e para viver em Canaã (atual Palestina). Isaac, filho de Abraão, tem um filho chamado Jacó. Este luta com um anjo de Deus e tem seu nome mudado para Israel.

Os doze filhos de Jacó dão origem às doze tribos que formavam o povo judeu, o qual, por volta de 1700 a.C., migra para o Egito. Lá, os judeus são escravizados pelos faraós por aproximadamente quatrocentos anos.

A libertação do povo judeu ocorre por volta de 1300 a.C. A fuga do Egito foi comandada por Moisés, que recebe as tábuas dos Dez Mandamentos no monte Sinai. Durante quarenta anos ficam peregrinando pelo deserto, até receber um sinal de Deus para voltar para a terra prometida, Canaã.

Jerusalém é transformada num centro religioso pelo rei Davi. Após o reinado de Salomão, filho de Davi, ocorre a divisão em dois reinos: de Israel e de Judá. Neste momento de separação, aparece a crença da vinda de um messias que iria juntar o povo de Israel e restaurar o poder de Deus sobre o mundo.

Em 721 começa a diáspora judaica com a invasão babilônica. O imperador da Babilônia, após invadir o reino de Israel, destrói o templo de Jerusalém e deporta grande parte da população judaica.

No século I, os romanos invadem a Palestina e destroem o templo de Jerusalém. No século seguinte, destroem a cidade de Jerusalém, provocando a segunda diáspora judaica. Após esses episódios, os judeus espalham-se pelo mundo, mantendo a cultura e a religião. Em 1948, o povo judeu retoma o caráter de unidade após a criação do Estado de Israel.

A Torá ou o Pentateuco, de acordo com os judeus, é considerado o livro sagrado que foi revelado diretamente por Deus. Fazem parte da Torá: Gênesis, Êxodo, Levítico, Números e Deuteronômio. O Talmude é o livro que reúne muitas tradições orais e é dividido em quatro livros: Mishnah, Targumin, Midrashim e Comentários.

Os cultos judaicos são realizados num templo chamado sinagoga e são comandados por um sacerdote conhecido por rabino. O símbolo sagrado do judaísmo é o menorá, candelabro com sete braços.

Entre os rituais, podemos citar a circuncisão dos meninos (aos 8 anos de idade) e o Bar Mitzvah que representa a iniciação na vida adulta para os meninos e a Bat Mitzvah para as meninas (aos 12 anos de idade). Os homens judeus usam a quipá, pequena touca, que representa o respeito a Deus no momento das orações. Nas sinagogas, existe uma arca, que representa a ligação entre Deus e o povo judeu, onde são guardados os pergaminhos sagrados da Torá.

As datas das festas religiosas dos judeus são móveis, pois seguem um calendário lunissolar. As principais são as seguintes:

Purim – os judeus comemoram a salvação de um massacre elaborado pelo rei persa Assucro.

Páscoa (Pessach) – comemora-se a libertação da escravidão do povo judeu no Egito, em 1300 a.C.

Shavuót – celebra a revelação da Torá ao povo de Israel, por volta de 1300 a.C.

Rosh Hashaná – é comemorado o Ano-Novo judaico.

Yom Kipur – considerado o dia do perdão. Os judeus fazem jejum por 25 horas seguidas para purificar o espírito.

Sucót – refere-se à peregrinação de quarenta anos pelo deserto, após a libertação do cativeiro do Egito.

Chanucá – comemora-se o fim do domínio assírio e a restauração do tempo de Jerusalém.

Simchat Torá – celebra a entrega dos Dez Mandamentos a Moisés.

Catolicismo – A renovação carismática

Caro(a) leitor(a), você deve ter percebido, durante a leitura deste livro ou dos meus outros, que sempre faço alusão à Renovação Carismática Católica (RCC), grande responsável pelo ressurgimento da Igreja Católica na atualidade. Embora esse movimento seja muito difundido em todo o mundo, muitas pessoas ainda não o conhecem por inteiro ou, se já ouviram falar dele, têm impressão errônea, imaginando ser uma outra religião, ou ainda uma facção da Igreja que faz das missas palco de espetáculos musicais.

Acho muito importante informar para você, querido(a) leitor(a), o que é a RCC e qual a sua finalidade.

Em 25 de janeiro de 1959, o papa João XXIII, poucos meses depois de sua eleição, deixou o mundo surpreso, ao anunciar e convocar o Concílio Ecumênico Vaticano II. "Renova nestes dias as tuas maravilhas, como de um novo Pentecostes", invocou o papa na abertura do Concílio. De fato, o Concílio foi uma volta ao Cenáculo, local onde os apóstolos haviam vivido as maravilhas operadas pelo Espírito Santo, pois, a partir daquele dia, "os ossos áridos" de que fala o profeta Ezequiel "moveram-se de volta à vida".

O papa João XXIII morreu antes do fim do Concílio em 1963; seu sucessor, Paulo VI, continuou os trabalhos até o encerramento, solenemente realizado em 8 de dezembro de 1965.

Não havia passado um ano do término do Concílio, quando despontou o fenômeno religioso que agora é chamado "Renovação Carismática Católica".

No outono de 1966, na Universidade de Duquesne (Estados Unidos), vários professores, estudantes, religiosos e sacerdotes católicos reuniam-se frequentemente para momentos de oração fervorosa. Eram pessoas que há muitos anos dedicavam-se ao serviço de Cristo, mas que no fundo sentiam um vazio, como se lhes faltasse algo. Surgiu então uma pergunta: "Como é possível que estejamos tão longe da experiência da realidade do Espírito Santo? Por que não vemos mais os sinais do poder do Senhor?" Dão-se então conta de que o cristianismo não é uma filosofia, não é apenas adesão a um credo, mas é Vida, e Vida Sobrenatural, participação na própria vida de Cristo ressuscitado. E que esta vida é difundida em nossos corações pelo Espírito Santo. Foi quando caiu-lhes nas mãos o livro *A cruz e o punhal*, de David Wilkerson, que fala de seu apostolado entre drogados e marginais de Nova York e conta como o Espírito Santo operou conversões e curas no meio daqueles jovens.

Conscientes de que a força dos cristãos primitivos estava na vivência do Espírito Santo no Pentecostes, aplicaram-se a ler e meditar os Atos dos Apóstolos. Reuniam-se para louvar o Senhor e os dons do Espírito Santo começaram a se manifestar, transformando suas vidas.

As reuniões foram se sucedendo e, de 17 a 19 de janeiro de 1967, um grupo de trinta pessoas realizou um retiro de fim de semana, o "retiro de Duquesne": suas orações foram atendidas através da manifestação do Espírito

Santo e da transformação interior de cada um. "Eu não creio no Pentecostes, eu o vi", disse um dos participantes. Muitos dos presentes sentiram em si uma vida nova, sentiram-se invadidos por uma profunda paz e alegria, um entusiasmo e um desejo incontido de dar testemunho de Cristo.

Em pouco tempo o movimento da Renovação Carismática Católica propaga-se em outras universidades americanas, no país inteiro, transpõe oceanos e alastra-se em quase todas as nações do mundo.

João batizou na água, mas vós sereis batizados no Espírito Santo (Atos 1, 5).

E todos ficaram cheios do Espírito Santo e anunciavam com intrepidez a palavra de Deus (Atos 4, 31).

A Renovação Carismática Católica nada mais é que a Igreja dos primeiros tempos do cristianismo, quando era constante o uso dos carismas do Espírito Santo. Com o passar dos tempos, foi-se deixando de lado a prática desses carismas, que nos foram dados para a prática da caridade. Até mesmo o doador desses carismas, nosso Santificador, passou a ser pouco mencionado.

O Espírito Santo é a força motriz da nossa fé. É Ele quem nos revela Jesus, e quem nos desperta para as coisas de Deus. Não podemos separar a Trindade, exaltando apenas o Pai ou o Filho. O Pai Criador, o Filho Redentor e o Espírito Santificador devem estar juntos e presentes em nossa vida espiritual. A Trindade forma um elo indissolúvel. Isto significa que é preciso deixar Deus Trino agir em nós. É o Espírito Santo quem nos revela Jesus, que por sua vez nos leva ao Pai. O Espírito Santo é Deus agindo em nós.

A célula da Renovação Carismática Católica são os Grupos de Oração. Através deles os fiéis têm a possibilidade de um crescimento efetivo na sua vida espiritual. Igreja é comunidade, por isso é um grande erro afirmar que o crescimento espiritual se faz individualmente.

Normalmente, os Grupos de Oração promovem Seminários, Experiências de Oração, Cursos de Aprofundamento, entre outros, que ajudam o crescimento espiritual, pelo conhecimento da fé e orações especiais, que nesses momentos são mais intensas.

A Renovação Carismática Católica segue uma espiritualidade própria, baseada na experiência de Deus, através do batismo no Espírito Santo e no uso dos carismas em prol do benefício de todos os fiéis.

Seu objetivo principal é atrair os católicos não praticantes, mostrar a eles a grande riqueza que é a nossa Igreja. É tida como porta de entrada para uma religiosidade mais profunda. O importante é o sopro de Deus, que desperta algo novo em nós e dá um novo sabor às coisas divinas.

Não é uma Igreja dentro da Igreja. É a Igreja em movimento. É o resgate da Igreja nascente, tão novo quanto antigo.

O movimento carismático, que nestes últimos anos está congregando milhões de fiéis no Brasil e no mundo inteiro, é marcado pela vinda do Espírito Santo no Pentecostes, narrada nos Atos dos Apóstolos, capítulo 2, quando os discípulos de Jesus, após Sua ascensão, estavam reunidos no Cenáculo, todos com muito medo. Entre luzes e fragores, desceu sobre eles o Espírito Santo sob forma de línguas de fogo, que se repartiram e repousaram sobre cada um deles. A partir disso, aqueles homens rudes transformaram-se, encheram-se de novo ânimo, saíram às ruas e praças e começaram a evangelizar.

Dom das línguas, entusiasmo, renovação, dom da cura, louvor, são alguns dos carismas do Espírito Santo que sempre acompanharam os evangelizadores. E acima de tudo, uma experiência de conversão a Jesus, não simplesmente baseada na aceitação dos dogmas da fé, mas fruto de experiência pessoal com Jesus Cristo, o Deus vivo, que invade a vida e transforma todo o ser.

A Renovação Carismática repete, hoje, o que aconteceu com os apóstolos naquele dia do Pentecostes por obra do Espírito Santo. Porque foi somente com o Pentecostes que os apóstolos compreenderam o que significavam aquelas línguas de fogo, aquele vento impetuoso, aquele dom das línguas, aquela possibilidade de, ao pronunciar o nome de Jesus, poder dizer a um deficiente físico: levanta-te e anda!

O mesmo acontece hoje: o Espírito Santo naquele tempo e está repetindo os prodígios de então!

A Renovação Carismática Católica tem por objetivos:

• recriar a atmosfera espiritual das primeiras comunidades cristãs, para a qual o Espírito Santo não era uma abstração teológica, mas vida, força, orientação, entusiasmo;

• redescobrir um tesouro oculto na alma desde o nosso batismo: uma fonte de água viva que deve ser utilizada e aproveitada ao máximo;

• descobrir Cristo vivo, íntimo, cujas palavras adquirem um significado novo e surpreendente;

• reabastecer o coração com novas energias que se chamam paz, alegria, força, otimismo;

• reencontrar o gosto pela oração e o amor pelos sacramentos;

• viver uma vida de intimidade com Deus, sob a direção do Espírito Santo.

E dentro desse espírito de conversão total, passam a ter muita importância a participação na Eucaristia, a adoração do Santíssimo Sacramento, a devoção a Nossa Senhora com a reza do terço, a oração e os cânticos de louvor, de agradecimento e de pedido a Deus Trindade.

O vento sopra onde quer – disse Jesus – e tu ouves a sua voz, mas não sabes de onde vem nem para onde vai; assim acontece com todo aquele que nasceu do Espírito (João 3, 8).

Grupos de Oração

Onde estiverem dois ou três reunidos em meu nome, aí estou no meio deles (Mateus 18, 20).

A característica dos Grupos de Oração é a espontaneidade, a liberdade, a originalidade e a simplicidade. E nem poderia deixar de ser assim, porque o Espírito Santo tem sempre coisas novas e diferentes a dizer e as necessidades da comunidade e de cada um não são sempre as mesmas.

Os participantes são pessoas de todas as idades e de toda condição social, que se encontram para rezar juntas numa profunda união de mentes e de corações. Sentem que devem pôr-se à disposição do Espírito Santo que pode servir-se de cada um deles para manifestar suas maravilhas. Mas vão também para receber, apresentando-se como vasos vazios, prontos para escutar aquilo que o Espírito Santo tem a lhes dizer, conscientes de que cada encontro é um novo Pentecostes.

O desenrolar das diversas atividades abrange:

• oração, sob várias formas: louvor, ação de graças, orações contemplativas, orações em várias línguas, petições de graças e de cura;

• cânticos, que são formas de oração;
• silêncio, como forma de entrar em conversa íntima e pessoal com Deus e de escutar o que Ele tem a dizer;
• exercício dos dons carismáticos;
• leitura da Bíblia;
• instrução (ensino);
• testemunhos ou partilhas, que edificam a comunidade.

A reunião do Grupo de Oração é uma ocasião de renovação espiritual. Não substitui a vida sacramental, mas leva a valorizá-la. Não é terapia de grupo, nem deve ser procurada com esta finalidade. É um estímulo à vida espiritual, à fé e a todas as formas pelas quais Deus vem e se manifesta a seu povo, transformando-o numa comunidade de amor.

O Grupo de Oração é constituído por um núcleo central que discerne a moção do Espírito.

Dons do Espírito Santo

Dons do Espírito Santo são hábitos ou disposições sobrenaturais que nos conduzem a pensar, julgar e agir em todas as circunstâncias como fariam Cristo Nosso Senhor ou Sua Santíssima Mãe, se estivessem em nosso lugar. Com efeito, aqueles que se deixarem conduzir com docilidade pelo Espírito Santo comportar-se-ão de modo divino e, por isso mesmo, santo.

"Doador dos sete dons" ou "septiforme nos teus dons" é como se chama o Espírito Santo nos cânticos, ladainhas e hinos que lhe são dedicados. O texto bíblico que lhe deu origem é Isaías 11, 1-3, em cujo original encontramos um elenco de seis dons, sendo o último, o temor do Senhor, citado duas vezes:

Um renovo sairá do tronco de Jessé,
e um rebento brotará de suas raízes.
Sobre ele repousará o Espírito do Senhor,
Espírito de sabedoria e de entendimento,
Espírito de prudência e de coragem,
Espírito de ciência e de temor ao Senhor.
(Sua alegria se encontrará no temor ao Senhor).

A esta lista de seis dons, a Vulgata Jerominiana e a Tradução Grega dos 70 (Septuaginta) acrescentaram a piedade, eliminando a dupla menção do temor de Deus e obtendo assim o número de sete.

Entre os dons do Espírito Santo, o dom da *Ciência* ocupa o primeiro lugar, pela sua importância na vida espiritual. O dom da Ciência faz que se substitua a mentalidade mundana, isto é, meramente humana, pela maneira de ver de Deus. A alma passa então a julgar todas as coisas à luz da fé, e compreende com toda a nitidez o fim sobrenatural do homem e a necessidade de subordinar-lhe todas as realidades terrenas.

O dom do *Conselho* tem por finalidade aperfeiçoar a virtude da prudência, fazendo que a alma possa discernir de imediato o que deve fazer ou deixar de fazer, tanto no que diz respeito à sua própria conduta como à do próximo. Trata-se de um conjunto de raciocínios iluminados pela graça de Deus que nos mostra de maneira nítida e precisa o que convém fazer ou evitar em determinadas circunstâncias. Esse "golpe de vista" tão preciso é resultado do estudo e da reflexão, mas também um "instinto sobrenatural" que provém do dom do Conselho.

O dom do *Entendimento* é uma disposição sobrenatural da alma que lhe permite captar e compreender de maneira extremamente clara e como que por intuição determinados mistérios de nossa fé ou até mesmo passagens das Sagradas Escrituras. Sob o influxo desse dom a alma penetra nos mistérios revelados, capta o alcance das verdades mais profundas da fé, deixa-se conduzir por caminhos de uma oração sempre mais vivenciada.

O dom da *Sabedoria* pode ser definido como uma disposição sobrenatural da inteligência que leva a dar valor àquilo que diz respeito às coisas de Deus e à glória de seu nome. *A sabedoria vale mais que as pérolas e joia alguma a pode igualar* (Provérbios 8, 11). O dom da sabedoria não se aprende nos livros mas é comunicado à alma pelo próprio Deus, que ilumina e enche de amor a mente, o coração, a inteligência e a vontade.

O dom da *Piedade* consiste numa disposição sobrenatural da alma que a inclina, sob a ação do Espírito Santo, a comportar-se nas suas relações com Deus como uma criança muito carinhosa se comporta com seu pai, por quem se sabe imensamente amada e querida.

O dom da *Fortaleza* é a capacidade que o Espírito Santo nos dá de viver e suportar as provações e de uni-las às provações de Cristo. A alma totalmente entregue ao Espírito Santo encontra, no dom da Fortaleza, uma disposição sobrenatural que a torna capaz de empreender as ações mais difíceis e de suportar as provas mais duras por amor a Deus e pela glória de seu nome.

O dom do *Temor de Deus* é uma disposição sobrenatural da alma que a faz experimentar um imenso respeito por Ele e uma complacência sem limites na sua bondade de

Pai. Não se trata de temor servil, nem de temor de desagradar, mas de temor reverencial: Deus é tão grande, tão todo-poderoso, que queremos servi-lo e amá-lo de todo coração porque Ele é nosso Tudo.

Já não sou eu que vivo, é Cristo que vive em mim (Gálatas 2, 20).

Dons de Serviço

Os ministérios são diversos, mas um só é o Senhor (I Coríntios 12, 5). Ao fazer essa afirmação, São Paulo coloca todos os ministérios – serviços – em submissão a Jesus Cristo, que é a cabeça da Igreja.

Deus chama cada um de seus fiéis a exercer um serviço específico dentro da sua Igreja, com a finalidade de cada vez mais edificar o corpo e a casa de Deus.

Quantos são os ministérios? Tantos quantos se fizerem necessários para a evangelização de toda a humanidade.

Na Renovação Carismática Católica existem serviços relativos à sua espiritualidade específica, como a cura e a libertação, o aconselhamento, a profecia, entre outros. O termo "ministério", portanto, é amplamente utilizado pela Renovação Carismática, para designar de maneira geral os mais diversos serviços pastorais. São estes alguns dos ministérios mais comuns: de cura, de música, de coordenação de grupos de oração, de servos de Seminário de vida no Espírito Santo, de intercessão, de pregação, de evangelização, de ensino.

Ao exercerem seus ministérios, os servos participam do de Cristo. Ministério, portanto, é um serviço prestado à comunidade com a capacitação dos carismas. Todos os cristãos têm todos os carismas do Espírito Santo na medida da necessidade da comunidade, mas exercem um ministério específico que depende mais de um carisma que de outro. Por exemplo, o ministério de cura necessita muito mais do carisma de cura; o ministério de profecia necessita do carisma da palavra da profecia; o coordenador do grupo de oração necessita da palavra de sabedoria e do discernimento, enquanto exerce a coordenação do grupo, além do carisma do amor para cuidar dos membros do grupo como o bom Pastor cuidou de suas ovelhas, e assim por diante. Os ministros são capacitados, portanto, com o dom específico que os impulsiona a agir.

Cada qual use o dom recebido a serviço dos outros, como bons administradores da multiforme graça de Deus (I Pedro 4, 10).

E quando o doutor fica doente?

Embora se saiba que a espiritualidade pode ser um importante fator para os pacientes enfrentarem as doenças ou os riscos dos tratamentos médicos, as crenças espirituais dos médicos não estão ainda claras.

Como se comportam os médicos com relação às suas necessidades espirituais? E quando ficam doentes?

Pesquisando esse assunto na literatura médica encontrei um estudo epidemiológico datado de junho de 2005, publicado por Curlin e cols. que em amostra de 2 mil médicos americanos revelaram:

– 76% acreditam em Deus;

– 59% admitem uma vida após a morte;

– 55% afirmaram que a religião influi no seu trabalho;

– 46% dos médicos relatam que vão a serviços religiosos duas ou mais vezes por mês.

Na população americana geral os crentes em Deus são cerca de 83%, 7 pontos a mais do que os médicos; os que acreditam na vida após a morte são 74%, 15 pontos a mais do que os médicos.

Há 19% de americanos que nunca foram a serviços religiosos, já entre os médicos esta porcentagem é de 10%, isto quer dizer que dos médicos que dizem não acreditar em Deus, muitos deles se encontram em serviços religiosos com certa frequência.

Cerca de 41% dos americanos dizem que vão pouco a serviços religiosos (no máximo uma vez ao mês). Entre os médicos o índice foi de 44%.

O mais interessante desse trabalho foi que os médicos americanos são mais praticantes que a população geral, pois 46% dos profissionais relataram que vão a serviços religiosos pelo menos duas vezes ao mês. Já na população geral a proporção é de 40%.

Outro estudo interessante foi o de Klitzman e Daya, de 2005, onde os autores analisaram o comportamento dos médicos em relação à espiritualidade, quando se tornaram pacientes.

Os participantes da pesquisa eram na sua maioria portadores de câncer, doença cardíaca grave e hepatite C e HIV positivos que foram submetidos a um interrogatório sobre as suas crenças espirituais antes e depois da doença.

Os resultados desse estudo mostraram que grande parte dos médicos acreditava que a espiritualidade os ajudava a enfrentar a doença. Muitos, porém não todos, tornaram-se mais espirituais quando se confrontaram com a possibilidade de morrerem.

Alguns médicos procuraram se tornar religiosos após a doença, mas não conseguiram, pois não estavam intimamente convencidos de tal necessidade, ou estavam questionando o "porquê" da sua doença. Sempre faziam uma pergunta clássica que vem à mente no momento que se recebe o diagnóstico de uma doença grave: Por que comigo? Por que não nos outros, mas sim em mim? Não encontrar resposta a essa questão levava a dúvidas existenciais importantes ocasionando grandes níveis de estresse, angústia e quadros graves de depressão.

Qual o momento correto de falar em Deus para os pacientes?

É preciso saber escolher o momento e o local certos, pois podemos causar problemas para os pacientes.

Quando um médico pede para o paciente rezar ou procurar um conforto espiritual, esse pode pensar que seu caso é muito grave, que vai morrer logo e que a medicina não consegue encontrar saída para a sua doença. Imediatamente o jargão popular vem à mente: "Cuida da alma que o corpo já era".

É muito importante tornar essa conversa muito formal e como consequência da consulta. Por isso é que sempre o faço no final da consulta, quando estou pedindo exames ou prescrevendo a medicação e nunca incutindo no paciente culpas por estar doente, mas sempre sugerindo que ele procure um serviço religioso para complementar o tratamento.

Todos os momentos são certos para se falar em Deus com os pacientes, mas devemos sempre contar com a ajuda do Ser Supremo, no caso dos cristãos, do Espírito Santo, para que nos oriente a escolher a hora certa. Isso pode ser durante na UTI, na enfermaria, no consultório, no pronto-socorro, na casa do paciente, tanto faz, o importante é que você, colega da saúde, tenha o cuidado de não ferir a individualidade dos pacientes.

É muito importante que reconheçamos os nossos limites, não os ultrapassando, para que não se esbarre na função do sacerdote. Nunca devemos nos esquecer de que fomos preparados para exercer a medicina e não para sermos sacerdotes, e que os pacientes nos procuram para a cura de suas moléstias, não para receber sermões durante os atendimentos.

Os efeitos da religião sobre a saúde nem sempre são benéficos; podem em certas ocasiões promover dano real aos pacientes direta ou indiretamente.

Se levarmos nossa mente para a história veremos que por muitas vezes a religião foi escudo para esconder atrocidades e assassinatos. Desde as oferendas de seres humanos aos deuses, ao período das Cruzadas, da Inquisição católica e protestante e até os dias atuais em que vemos milhares de mortes ocorrendo "em nome de Deus".

Uma das situações que são muito frequentes e comuns é a descontinuidade do tratamento médico prévio por conta de uma suposta cura divina.

Não tenho dúvida de que a cura é sempre divina, sendo os médicos e a medicina instrumentos do Senhor. Evidentemente Deus pode fazer um milagre, interferindo de modo direto na doença, mas essa não é a forma mais frequente que Deus usa para curar as doenças. Ele pode nos curar usando mecanismos de cura que existem dentro de nós e surgiram no momento da criação, ou seja, antes que houvesse o pecado original, precursor das doenças.

Assim é evidente admitir que Deus não nos fez para sermos doentes, mas sim saudáveis, daí termos dentro de nós mecanismos próprios para defesa das doenças. Em capítulo anterior demonstrei um modelo de mecanismo psiconeuroimunológico que pode explicar a cura através da oração.

A forma mais comum que Deus usa para a cura é através dos médicos e das medicações. Isto Ele afirma no livro do Eclesiástico, capítulo 38, 1.

Analisando essas considerações temos que admitir que negligenciar um tratamento médico em troca de uma oração é uma atitude absolutamente errada sob o ponto de vista humano e totalmente herética teologicamente, pois estaremos sendo contrários à vontade de Deus.

Não infrequente é vermos na televisão líderes religiosos pedindo para os fiéis abandonarem os seus tratamentos em função de uma bênção curativa proveniente de suas mãos. Lamentavelmente tive a oportunidade de saber de um caso de uma senhora que, durante uma peregrinação a um santuário mariano, abandonou o uso da insulina que há anos controlava o seu diabetes por conta de uma cura divina. Evidentemente que a cura não veio e ela teve que ser internada devido a uma descompensação diabética importante.

Devemos ter cuidado com esses líderes religiosos, independentemente da denominação religiosa que tenham (católicos, protestantes, budistas), pois eles se comportam como se Deus fosse um gênio gigante dentro de uma garrafa que sairia dela por seus pedidos. Acho que isso é caso de polícia!

O mesmo ocorre com a hipertensão arterial, doença grave e sem cura que pode ser totalmente controlada com o uso regular de medicamentos. Já recebi pacientes em meu consultório que chegaram com paralisias decorrentes de acidente vascular cerebral que tiveram por suspensão inadequada do uso de anti-hipertensivos.

Fica um conselho para você, caro(a) leitor(a), nunca estimule o seu paciente a parar de tomar medicação por conta de orações. Ou, se for seu caso, nunca deixe de tomar os seus remédios ou de fazer algum tipo de tratamento substitutivo sem ordem direta do seu médico. Vale a pena pensar muito nesse assunto!

Recebi uma vez um paciente que vinha sendo acompanhado devido a uma doença coronariana, que piorou do seu quadro anginoso, obrigando-me a fazer-lhe um cateterismo cardíaco. Após o exame indiquei a cirurgia de revascularização miocárdica, com o propósito de fazer algumas pontes de safena e anastomose mamária coronária.

Ao discutir com o paciente a indicação cirúrgica, houve recusa ao tratamento sugerido, pois tinha a intenção de procurar um médium que recebia o espírito de um médico alemão que morreu no início do século.

Tentei demovê-lo dessa ideia, mas não teve jeito. Como tinha formação religiosa kardecista, a família o levou para o tal centro espírita. Um mês depois ele voltou por causa de um infarto que, por lesar uma grande área do miocárdio, ocasionou-lhe insuficiência cardíaca avançada, com expectativa de vida diminuída. Depois disso não dava mais para operar o seu coração, somente um transplante poderia resolver o caso.

Existem algumas práticas religiosas que podem também ser danosas à saúde física e mental, como o jejum exagerado, automutilações, uso de substâncias alucinógenas etc.

Uma das coisas que mais critico são os exageros nas práticas religiosas. Um deles é o jejum, que deve ser feito com moderação, do contrário pode ocasionar problemas para a saúde dos fiéis, como, por exemplo, em caso de gravidez ou diabetes. As Escrituras Sagradas aconselham os cristãos a "fazer jejum mas se arrumar para não parecer doente e o verdadeiro jejum do livro de Isaías".

É inconcebível ver as automutilações que muitas religiões impõem a seus fiéis como forma de expiação dos pecados. Esse procedimento, felizmente cada vez menos frequente entre nós ocidentais, é muito praticado no Oriente.

Como escrevi no meu primeiro livro, *Milagres que a medicina não contou*, logo após a minha conversão fiquei com um ímpeto enorme em discutir assuntos ligados à religião durante minhas consultas. Vocês não imaginam o quanto aprendi com os nossos irmãos protestantes, pois a sabedoria e o conhecimento bíblico deles são fantásticos. Os protestantes que conheci foram pessoas iluminadas que serviram para mim como um exemplo de cristianismo real e verdadeiro, pelos seus testemunhos de vida e por colocar em prática aquilo que pregavam.

Infelizmente existem sempre pontos polêmicos que, se enfocados com detalhes, podem gerar discussões acaloradas que somente atrapalham o relacionamento médico-paciente, não acrescentando nada nem ao paciente e muito menos a mim.

A teologia da doença

É muito importante discutirmos um pouco sobre os "porquês" das doenças e como devemos tratá-las à luz dos nossos conhecimentos teológicos.

Muito frequentemente, durante minhas consultas, na ocasião de dar ao paciente um diagnóstico da sua doença e também a terapêutica, ouço o paciente se queixar, se lamentar e até murmurar contra Deus. É clássica a pergunta que sempre surge no consultório e que sempre encontro muita dificuldade em responder:

– *Por que a doença veio para mim? Por que não em um bandido? Por que não em um político corrupto? Por que na minha avó, que reza tanto?*

O plano de Deus é um mistério para nós, e mais misterioso ainda é o alcançar da Sua Graça. Por que alguns conseguem a cura? Por que outros não?

É muito difícil entender os porquês de Deus. Por que um paralítico se cura durante uma oração para milhares destes? Por que Deus escolhe as pessoas para serem curadas?

Não consigo responder a essas perguntas a não ser sob os olhos da fé. Temos de aceitar que a doença não é obra de Deus e que Ele nos assiste durante o sofrimento, temos de admitir o sofrimento não como castigo D'Ele, mas sim como processo de crescimento interior.

Durante minha vida de cardiologista vi muitos executivos viciados em trabalho sofrerem um pequeno infarto que lhes serviu para reposicionarem a vida, inclusive sob o ponto de vista espiritual.

Quantos, como o José Augusto que, durante uma partida de futebol com amigos, teve de ser atendido em caráter de urgência devido a infarto e ser submetido a posterior cirurgia. Passada a atribulação, mudou radicalmente seu conceito de viver, deixando para segundo plano suas ambições profissionais e elegendo como prioridade máxima a família, sua vida pessoal e principalmente a sua vida espiritual, embasando sua existência nos caminhos do Senhor. Você não concorda comigo, caro(a) leitor(a), que aquele infarto foi para o José Augusto uma boa coisa?

Assim como o José Augusto são vários pacientes, mas infelizmente ainda existem aqueles que, não entendendo os recados de Deus, continuam focando a sua vida nos valores materiais e profissionais.

Do ponto de vista teológico, o homem não nasceu para a doença, mas sim para a saúde e o bem-estar.

Deus no momento da criação fez o homem sadio e perfeito para crescer e se desenvolver no Paraíso, convivendo com o reino vegetal e animal, em harmonia divina.

Isto quer dizer que o organismo humano foi feito para ser saudável, ou seja, dentro de nós existem todas as condições de defesa de quaisquer situações externas, inclusive a doença.

É interessante refletirmos sobre o primeiro homem, o Adão bíblico, que tinha o seu corpo biológico quase igual ao nosso, dos dias atuais, diferindo apenas pelas variações genéticas e mutações que aconteceram nesses milhares de anos que sucederam a criação.

Se entendermos que Deus criou o homem à Sua imagem e semelhança, fê-lo perfeito, capaz de se defender de todas as possíveis perturbações externas que, pela Sua Onisciência, viriam acontecer após o pecado original.

A doença, por sua vez, somente surgiu após a desobediência do homem às leis de Deus. Quando o homem procurou descobrir os mistérios da árvore do bem e do mal, transgredindo as leis divinas, ocorreu a morte como consequência do pecado original.

Nessa ocasião, todo o universo sofreu as consequências do pecado original, de modo a se perder a imunidade divina às doenças. Surgiu a doença e a morte, "és pó e para o pó voltarás" (Gênesis 3, 19).

No Paraíso o homem vivia a imortalidade, pois a imunidade divina lhe dava condições para desconhecer as doenças e principalmente a morte.

O livre-arbítrio dado ao homem por Deus é aspecto primordial do plano de Deus.

Tenho certeza, caro(a) amigo(a), que você já soube de algum caso de pessoa muito ligada à fé que, após o insucesso das preces, "briga com Deus", abandona tudo e entra em crise depressiva. Essas pessoas se desiludem da vida, podem entrar em quadros psicóticos e até chegar ao suicídio.

É muito difícil entender as vontades do Senhor que nem sempre são iguais às nossas, assim como é muito complicado querermos entender o porquê das doenças. Sempre nos perguntamos, na ocasião da doença, os porquês, por que comigo, por que com meu ente querido, e ao mesmo tempo ficamos até "revoltados com Deus", pois por que a doença não foi para outro?

A doença é um mistério do plano de Deus que não conseguiremos compreendê-la com a razão, com a lógica, mas se procurarmos os "para quês" do sofrimento poderemos até entender o plano d'Ele para nós. Deus não fez a doença, ela veio como fruto das nossas transgressões desde o primeiro pecado, onde todo o universo sofreu as consequências do erro dos nossos primeiros pais. Mas Ele, na sua extrema bondade, nos visita e nos apoia nos momentos de sofrimento das nossas vidas.

O caso da Maria Aparecida é um exemplo disso; veja se não concorda comigo, caro(a) amigo(a). Ela entrou no consultório ajudada pela filha, mal conseguia dar pequenos passos. Era um "caco" de mulher! Veio para tratar a sua pressão que estava difícil de ser controlada, embora tivesse ido a vários médicos.

Durante o exame físico, afastada da filha contou-me que, alguns anos atrás, seu marido a traiu com uma funcionária e após isso entrou em crise depressiva, a ponto de quase tentar o suicídio.

Contou-me também que poucos anos depois teve um câncer de mama que a obrigou a ser submetida à retirada total de uma das mamas, passou por quimioterapia e achava-se curada pois fazia quase dez anos da cirurgia.

Nos anos que se seguiram à intervenção apresentou hipertensão arterial e as crises de depressão tornaram-se cada vez mais frequentes e difíceis de ser tratadas.

Naquela ocasião, Dona Cida não saía de casa para nada, não queria comer, não queria sair do quarto, não tinha prazer em nada do que fazia, não conseguia dormir e tinha crises de falta de ar que a deixavam com medo de morrer.

Examinei-a com detalhes, fiz um eletrocardiograma, encontrei apenas a pressão fora dos padrões normais.

Após pedir os exames necessários e prescrever a medicação que achei mais apropriada para ela, pedi para que a filha nos deixasse a sós e comecei falando:

– Dona Cida, e Deus, como está na sua vida?

– Doutor, nem em Deus eu penso mais, embora fosse uma pessoa católica, de frequentar missas, de comungar todos os domingos. Acho que Ele brigou comigo, pois não me escuta. Eu não tenho mais jeito, doutor, a única saída é morrer, pois assim tudo passa, tudo melhora, paro de dar trabalho para a minha filha que é uma santinha e deixo aquele filho da mãe livre para andar atrás de vagabundas por aí.

Percebendo que o grande problema da Dona Cida era que ela não tinha resolvido o seu assunto com o marido, embora me dissesse que o episódio estivesse enterrado, e vendo os ânimos se exaltarem fui logo falando:

– Dona Cida, a senhora sabe que todo esse ódio só lhe faz mal, não tenha dúvida de que o seu câncer veio disso. A sua hipertensão começou com todo esse ódio e a sua depressão também surgiu desse sentimento. Quem mais sofre é a senhora. Tenha certeza de que, embora o seu marido possa estar preocupado com a sua saúde, ele deve estar levando a vida normalmente, não é?

– Claro que está, doutor. Ele é dentista e com uma clientela muito boa, só se preocupa em trabalhar. Tem uma trouxa como eu que foi mãe dos seus filhos que o adoram, deve ter algum "galho" por aí para se servir como homem e o resto sobra para mim.

– A senhora já pensou em realmente perdoar o seu marido e assim se libertar desse problema?

– Doutor, diz para mim como posso conseguir isso, pois bem que queria me livrar desse sofrimento.

– Dona Cida – disse-lhe –, não há uma fórmula para perdoarmos as pessoas que nos fizeram sofrer, só existe uma maneira de a senhora resolver esse assunto, é praticando o perdão. Primeiro perdoando a senhora mesmo, por não ter sido mulher capaz de segurar o seu homem, depois, perdoando seus filhos que a obrigaram a dedicar tempo para eles, sobrando pouco para o marido, e depois tentar entender a atitude do seu marido e começar a perdoá-lo. Sei que é difícil, mas não impossível a senhora começar a fazer isso.

– Doutor, não me peça isso, pois não consigo!

– Tenho certeza de que sozinha não consegue, mas com a ajuda de Deus vai chegar lá – retruquei.

– É doutor, só com Deus para conseguir sair dessa.

Aproveitei a deixa e sugeri que Dona Cida fosse com a filha a um grupo de oração, pois tinha certeza de que lá poderia encontrar o caminho para sua cura. Foi embora com a recomendação da leitura de alguns livros de cura interior.

Voltou ao consultório ainda umas duas vezes sem muita melhora do quadro depressivo, embora a pressão tivesse sido controlada logo no retorno de consulta. Dizia-me que estava frequentando um grupo de oração na região dos Jardins em São Paulo onde existiam reuniões de cura e libertação, mas ainda estava muito deprimida. Mantive a medicação antidepressiva e sugeri que insistisse mais na sua vida espiritual, tentando fazer o que Nossa Senhora pediu aos videntes de Medjugorje: terço, comunhão e leitura da Bíblia diariamente, confissão mensal e jejum semanal.

Meses depois, Dona Cida voltou outra pessoa, bem-vestida, cabeça erguida, dizendo-me que estava saindo de casa normalmente, dirigindo seu automóvel, ou seja, voltando às suas atividades rotineiras.

– Revivi, doutor – disse-me em lágrimas –, graças a Deus encontrei o meu caminho: Jesus Cristo! Somente pela graça de Deus é que consegui realmente perdoar o meu marido. Sou outra mulher, a nova Cida, renovada e batizada no Espírito.

Percebendo que ela realmente tinha encontrado o caminho da sua salvação física, psíquica e espiritual, só tive de dar graças a Deus por ter sido instrumento d'Ele.

O tempo passou, encontrei-me com Dona Cida quando ministrava a eucaristia em uma missa da São José do Jardim Europa; vi que estava bem. De vez em quando ligava-me pedindo receitas da medicação que usa, mas sempre dizendo-se bem.

Meses atrás, ela me liga desesperada, pois tinha perdido a visão. Já tinha procurado um oftalmologista e um neurologista que não encontraram nenhuma alteração física que justificasse a cegueira. Tudo estava sendo atribuído a um distúrbio psicossomático. Pedi para que se pusesse totalmente nas mãos do Senhor, que confiasse pois tudo se resolveria. Dias depois ligou-me dizendo que sua visão tinha voltado e que pretendia ir até o meu consultório para conversar comigo.

Ao chegar o dia, entrou na minha sala e logo foi dizendo:

– Doutor, tudo aconteceu pela graça de Deus, estou absolutamente normal.

– Louvado seja o Senhor – disse-lhe. – Mas e aí, Cida, o que está acontecendo com você? Tudo estava tão bem.

– Doutor, somente pela graça de Deus é que estou vivendo, pois descobri que o meu marido agora está com caso com a sua secretária. Estou pedindo o divórcio, antes tarde do que nunca. Na primeira vez que descobri a traição, não tive coragem de me separar dele. Como consequência a essa covardia, ganhei meu câncer, minha depressão e minha hipertensão. Agora chega, não estou sozinha, tenho Jesus comigo. Não vou passar novamente por esse sofrimento.

Dizendo-se ainda dependente economicamente do marido, mas muito confiante em Deus e em si mesma, Dona Cida iniciou o processo de separação conjugal. Pensei que iria novamente entrar em crise depressiva, ter a hipertensão descontrolada ou até mesmo que o câncer reaparecesse, mas nada disso aconteceu, porque estava segura – certa de ter Deus consigo.

Nesta semana liguei para a Cida, pois uma apresentadora de um programa de TV muito visto no Brasil estava fazendo uma série de reportagens comigo, abordando o tema "Fé e Medicina". Como a produção estivesse me pedindo exemplos de pessoas que se curaram com a fé indiquei o seu nome para fazer parte dessa reportagem. Cida ficou muito contente e logo se prontificou a falar com a repórter.

Para me certificar das suas condições, perguntei-lhe:

– E aí, Cida? Como vai a saúde física? E a espiritual?

– Graças a Deus, doutor, tudo maravilhosamente bem. Meu marido ainda não saiu de casa, mas prometeu-me que o fará no próximo mês. Agradeço a Deus, em primeiro lugar, e ao senhor, doutor Roque, por ter sido o instrumento perfeito que Deus colocou no meu caminho.

O japonês de Deus

Suzuki entrou no consultório em uma cadeira de rodas, acompanhado pela esposa. Era um senhor de 55 anos que após os cumprimentos iniciais começou a contar a sua história:

– Doutor, minha história é longa, vou tentar resumi-la para o senhor.

– Não precisa – respondi-lhe –, quero ouvir a sua história por inteiro, tenho tempo para ouvi-lo.

E o japonês continuou a falar:

– Ainda jovem, com 22 anos, mudei-me para São Paulo, pois pretendia me preparar para o vestibular de engenharia, profissão que me fascinava. Um dia, quando voltava para a pensão onde morava, comecei a sentir muitas dores na perna esquerda. Ao chegar em casa, durante o banho notei a presença de um caroço nesse membro. Assustado, voltei para a casa dos meus pais em Santa Cruz do Rio Pardo, interior de São Paulo, onde procurei um médico conhecido da minha família. O doutor não quis dar diagnósticos, mas percebeu que havia um tumor na minha perna esquerda. Fui encaminhado ao Hospital do Câncer em São Paulo.

Fui logo internado para investigação diagnóstica e submetido à biópsia do tumor que estava no osso ilíaco esquerdo. O resultado foi dramático: sarcoma osteogênico, um tumor raro, de grande malignidade e de prognóstico incerto, por não haver muitos casos no mundo inteiro.

A notícia do câncer foi-me dada com tanta frieza que fiquei em estado de choque, só pensava na morte, como uma criança que vê o seu castelo de areia ser levado pela onda do mar. Todos os meus sonhos, minhas expectativas de vida, minhas aspirações, meus desejos, tudo foi tirado de mim. A minha vida estava resumida em alguns meses, ou talvez alguns dias!

Permaneci internado por sessenta dias naquele hospital frio e sem vida, recebi várias sessões de radioterapia e quimioterapia, mas nada deu certo: o tumor continuava vivo na minha perna, só restava uma alternativa: a amputação do membro.

Já era católico apostólico romano, mas em face da doença apeguei-me firmemente à fé e à oração. Somente consegui superar toda essa tribulação da minha vida porque encontrei Jesus e O coloquei como principal objetivo do meu viver. Um dia, conversando com um padre da minha cidade, ao ver algumas crianças brincando na rua, ele me disse:

– Não queira entender o porquê dessa doença, entenda que deve existir um plano maravilhoso para você por trás dessa adversidade. Quem sabe, Deus permitiu essa doença para você um dia testemunhar a misericórdia divina para aquelas crianças que estão lá fora?

Mas toda a minha família estava alvoroçada e desorientada com a amputação. Como ninguém tinha condições de decidir pelo procedimento, resolveram procurar um médico conhecido que, após analisar com calma todos os aspectos do caso, aconselhou-os a não autorizar a cirurgia.

Nessa época estava com quarenta quilos, em estado depressivo lastimável, só pensava em morrer. Nessa altura, a minha irmã, que era aluna de enfermagem da USP, conseguiu que fosse internado no Hospital das Clínicas de São Paulo, onde fui examinado por uma equipe de professores da Faculdade de Medicina e depois submetido a várias sessões de quimioterapia e radioterapia por três meses. Graças a Deus o tratamento foi responsivo, ou seja, o tumor regrediu totalmente: o primeiro milagre aconteceu na minha vida!

Voltei a viver normalmente, fazia exames periódicos e não houve indício de volta do tumor durante dez anos. Estava curado, diziam os médicos! Levava uma vida normal, com restrições, pois andava com certa dificuldade, como consequência das radioterapias realizadas que literalmente queimaram alguns grupos musculares e algumas veias da perna.

Um dia, as dores voltaram! O médico que me acompanhava desde o início do meu tratamento logo pediu uma ressonância magnética e uma biópsia do local suspeito.

Mas, nessa época, senti que poderia enfrentar o que viesse pela frente com muita tranquilidade, pois não estava sozinho, tinha Jesus comigo.

Os resultados dos exames vieram normais: não existia nenhuma suspeita do retorno do câncer.

As dores continuaram frequentes tornando-se insuportáveis. Repetiu-se a ressonância magnética, e o resultado foi surpreendente: a cabeça do fêmur tinha desaparecido. Na iminência de uma recidiva do tumor, que explicaria a alteração encontrada, foi feita nova biópsia, cujo resultado foi normal: o câncer estava curado!

Provavelmente a alteração encontrada na cabeça do fêmur ainda fosse sequela da enorme quantidade de radiação que tinha recebido no início do meu tratamento.

Tive a certeza absoluta de que Deus havia me colocado a mão e me curado. Mais uma vez, Ele tinha atendido as minhas preces. Sentia uma força enorme dentro de mim, queria viver para poder contar a todos as maravilhas que o Senhor tinha feito na minha vida.

As dores foram melhorando com os medicamentos que me receitaram, tornando-se suportáveis. Aprendi a conviver com a dor.

Após cinco anos de vida normal apareceu um problema no meu intestino. Por sentir dores intensas fui submetido a uma endoscopia que mostrou uma obstrução intestinal, provavelmente como sequela da radioterapia. Imediatamente fui internado e operado, sendo ressecados 30 cm do meu intestino. O médico disse-me que não era nada preocupante, mas que por rotina deveria pedir uma biópsia do material.

Trinta dias após, voltei ao consultório para retirar os pontos. Quando entrei na sala percebi que algo não estava bem. O olhar do médico revelava muita preocupação, porque o resultado da biópsia mostrou que havia um tumor na parede intestinal causado pela radioterapia. Imediatamente fui encaminhado ao oncologista.

Nesse dia percebi que realmente o Senhor gosta muito de mim e que tem um plano fantástico para a minha vida! O médico durante a consulta foi ao seu armário, pegou um pôster de anatomia e sorrindo explicou-me o ocorrido. Tinha um dos piores tumores do intestino, de altíssima malignidade, reconhecido apenas quando já está avança-

do, mas que graças à cirurgia feita tinha sido ressecado na sua fase bem inicial. Era o primeiro caso que se sabia de um cirurgião ressecar um tumor sem saber. Tudo foi feito por pura obra do Senhor e aí pude começar a entender os "porquês" das doenças.

Não precisei de nova cirurgia pois o câncer tinha sido extirpado totalmente, e porque estava em fase inicial não havia necessidade de quimioterapia. Estava literalmente curado! Era um outro milagre na minha vida!

Dez anos se passaram. Sempre fazia exames periódicos. Nenhum dos tumores que tinha tido dera sinal de vida. Andava com ajuda de muletas, mas dirigia meu automóvel, administrava a minha empresa com muita tranquilidade e satisfação.

Muitos amigos ficavam perplexos com o meu comportamento, pois não acreditavam que uma pessoa tão sofrida como eu podia ter tanta alegria, tanta satisfação de viver. Às vistas do mundo, poderia ser tachado até de louco, desmiolado, pois como um homem que andava com muletas, com uma dor incessante na perna, que já tinha passado por várias situações extremamente desagradáveis, podia ser tão feliz. Embora falasse eles não entendiam: tinha Jesus comigo e nada tirava a minha felicidade.

Um dia, meus amigos de Santa Cruz do Rio Pardo insistiram tanto para que fosse a uma pescaria no Mato Grosso que resolvi ir. Durante dois dias comecei a sentir dores fortes na perna, mas não queria incomodar o grupo. Uma noite, a dor foi muito forte, caí, ficando desacordado no chão do iate. Meus amigos me encontraram quase sem vida.

Eram duas horas da manhã e estávamos cinco horas rio acima. Colocaram-me em um pequeno barco, um amigo me colocou um salva-vidas e segurando-me pelos braços voltamos para Corumbá. Chegando ao hospital, fui atendido prontamente, sendo diagnosticado um quadro abdominal agudo, grave, de indicação cirúrgica, mas como estava com a pressão muito baixa o risco de morte era muito grande. O médico pediu para que minha família fosse avisada. As minhas chances de vida eram muito pequenas já que estava quase em coma.

Estava na UTI e num momento de consciência falei para os médicos que queria ser operado, pois tinha certeza de que Nossa Senhora estava ao meu lado e que por isso tudo iria dar certo (não me recordo desse momento, meus amigos que me contaram posteriormente). No dia seguinte, como a minha pressão melhorou, fui para a cirurgia. Foram retirados 25 cm da parte terminal do íleo (intestino delgado), que estava todo perfurado. A cirurgia foi complicada e trabalhosa, tive uma parada cardíaca prolongada no final, mas graças a Deus a equipe médica foi capaz de me fazer voltar à vida.

Minha situação continuava muito grave. O pós-operatório mostrava-se muito turbulento. Minha esposa, Adriana, e meu irmão, ao receberem a notícia do meu estado, imediatamente foram para Corumbá. Ao chegarem encontraram-me na UTI em coma medicamentoso, com infecção generalizada, a ponto de o médico plantonista permitir a entrada da Adriana apenas para se despedir de mim, pois achava que não passaria daquela noite. Mas a Adriana também confiou em Deus e entregou totalmente a minha vida ao Senhor, que tantas vezes interviu na minha cura, por que desta vez também não?

Permaneci durante cinco dias na UTI, entrei em insuficiência renal e pulmonar, ou seja, meus órgãos estavam quase entrando em falência total. Paralelamente, meu cunhado, médico, providenciava a minha transferência para São Paulo, que se realizou durante a madrugada por meio de uma UTI móvel.

Durante a viagem a equipe médica teve muita dificuldade em me manter vivo, mas graças a Deus e à competência dos profissionais consegui chegar ao Hospital da Beneficência Portuguesa de São Paulo, onde permaneci internado na UTI por 21 dias. Após algumas hemodiálises meus rins voltaram a funcionar e em menos de quinze dias meus pulmões estavam normais.

Nesse tempo todo a situação da minha perna ficou estável, mas, ainda na UTI, percebi que ela começou a inchar e a doer muito. Era um abscesso que havia se formado devido a todo o trauma da manipulação durante a viagem e a estada na UTI. Houve necessidade de drenagem cirúrgica e com o dreno recebi alta para continuar o tratamento em casa.

Ainda fraco e muito debilitado sentia-me muito forte. Dentro de mim existia uma força incrível, uma certeza da vitória e principalmente a certeza de estar com Jesus e Nossa Senhora sempre comigo. Agradecia a Deus a graça de poder voltar a minha casa, com meu filho e a minha querida Adriana. Estava feliz e confiante.

Permaneci com o dreno na perna por seis meses. A ferida não fechava pela infecção de bactérias cada vez mais patogênicas. Fiz curetagem, curativos, tudo o que possa existir, mas a infecção não cedia, pois os medicamentos não conseguiam chegar até o local infectado (era um abscesso septado). A situação clínica foi se complicando pelo processo infeccioso e também pelo efeito deletério dos medicamentos, o número de hemácias caiu muito, recebi duas bolsas de sangue a cada trinta dias, depois a cada quinze dias. Nada resolvia, a única saída seria a amputação da perna com desarticulação total da asa esquerda do osso ilíaco para baixo.

Durante os trinta dias que aguardei a data da cirurgia permaneci em oração constante. Aquela força de dentro do meu coração e a minha fé diziam-me que tudo daria certo, tinha certeza de que sairia vivo outra vez. Jesus estava comigo!

Na cirurgia que demorou nove horas houve reconstrução do local amputado com parte da minha panturrilha, além da necessidade de se retirar o rim esquerdo que estava necrosado. Tive dores fortíssimas no pós-operatório, mas tudo deu certo, a cirurgia cicatrizou bem, voltei à vida normal, agora utilizando uma cadeira de rodas.

Nesse ano, levei vida normal, adaptei-me muito bem a minha nova vida, mas comecei a apresentar febre, todos os dias, a partir das 17 horas. Era um abscesso septado no local da cirurgia, que após drenagem de 400 ml de secreção permaneceu aberto até hoje. Esse abscesso está sob controle, estou sem febre e sem infecção.

Nesse último tratamento, antes dessa nova drenagem, fui submetido a uma avaliação clínica pré-operatória e durante a realização do ecocardiograma houve a suspeita de um problema cardíaco. Assim que recebi alta do hospital resolvi procurar um cardiologista e, como conheci o senhor através do seu livro, estou aqui para uma consulta.

Assim que terminou a história, a qual ouvi com muita atenção e muita admiração, percebi que na minha frente não estava uma pessoa qualquer, mas sim um homem de fé, um verdadeiro homem de Deus.

Iniciei as perguntas que normalmente faço durante as consultas médicas, logo vi que não tinha nenhum sintoma que pudesse sugerir algum tipo de problema cardíaco, embora tivesse antecedentes familiares para tal. O seu exame físico foi normal, assim como o eletrocardiograma.

Terminando a consulta, disse-lhe que embora fosse assintomático, tivesse o exame físico e o eletrocardiograma normais deveria investigar com detalhes toda a função cardiológica, tendo em vista a história da parada cardíaca durante a cirurgia de Corumbá.

Resolvi pedir um novo ecocardiograma para ser feito no Incor, local onde indiscutivelmente o avanço tecnológico é indiscutível, assim como um holter para poder chegar a um diagnóstico preciso.

Uma semana depois trouxe-me o ecocardiograma. Realmente havia deficiência importante da função do coração que podia ser consequente à parada cardíaca ocorrida na cirurgia ou ainda a algum problema coronariano silencioso, que por ser ele de origem oriental poderia acontecer sem sentir dor no peito. Com esse resultado o cateterismo foi imediatamente indicado, o qual deu-se no Incor, alguns dias depois.

Terminado o exame, o médico especialista que fez o cateterismo imediatamente me ligou dizendo:

– Roque, o exame do seu paciente mostrou uma lesão gravíssima na artéria coronária descendente anterior. Há indicação de angioplastia.

Ao analisar as imagens do exame constatei a necessidade de fazermos o procedimento, ou seja, através de um cateter, colocado na perna, poderíamos chegar até as coronárias (artérias que nutrem o coração) e no local da obstrução colocar um dispositivo que, ao dilatar a região obstruída, recompõe o fluxo sanguíneo local. Imediatamente fui ao quarto onde estava internado e logo fui dizendo:

– Suzuki, você é o queridinho do Senhor, pois encontramos uma lesão grave em uma das suas coronárias que poderá ser tratada com facilidade através de uma angioplastia, sem necessidade da cirurgia tradicional. Você deve louvar e agradecer a Deus. Novamente você foi salvo pelas mãos do Senhor, pois poderia de uma hora para outra ter um infarto e morrer.

Nem precisei falar muito, ele entendeu muito bem o que estava lhe falando e juntos louvamos o Senhor, pedindo-lhe que nos iluminasse no momento da angioplastia, marcada para o dia seguinte.

Chegando em casa, ao contar para minha esposa Gisela toda a história do japonês comecei a refletir sobre tudo o que vivi naquele dia. Percebi realmente o tanto que Jesus amava aquele homem e que deveria existir um plano divino muito especial para ele.

Com toda essa história de sofrimento, com todas essas tribulações que viveu, Suzuki estava alegre, contente, sempre esperando algo de bom do Senhor. O resultado do cateterismo foi um sinal palpável da mão de Deus, pois o encontro realmente inesperado da lesão grave das coronárias propiciou-nos a indicar um procedimento que realmente iria salvar a sua vida, devido à alta mortalidade do infarto do miocárdio.

No dia seguinte a angioplastia foi feita com sucesso! Toda a circulação das coronárias ficou absolutamente normal.

Um dia depois, dei alta para o Suzuki, mas antes de fazer toda a parte burocrática para liberação do paciente um dos enfermeiros da ala chamou-me de lado e disse-me:

– Doutor Roque, o que esse paciente tem de diferente?

– Por quê? – perguntei.

– O senhor conhece a história dele?

– Sim. Ele lhe contou tudo? – indaguei.

– Contou não só para mim, mas também para a minha colega de plantão. O que tem esse homem, que o faz passar por todas essas complicações com tanta resignação? O que o faz ficar sempre feliz? O senhor concorda que não é normal esse tipo de comportamento, não é, doutor? Todos nós da equipe estamos surpresos com tudo isso!

– Realmente, Jaime – disse-lhe –, não é comum os pacientes enfrentarem as doenças com tanta resignação, com tanta força, mas você me perguntou o que ele tem de diferente, a resposta é simples, ele tem Deus no seu coração, ele tem a absoluta certeza de que Ele sempre o visitou e o visitará no momento do sofrimento. Essa é a grande diferença.

Após ouvir os comentários da equipe de enfermagem comecei a entender o que Deus espera do Suzuki e também de muitos que passam por situações semelhantes, pois devemos entender as doenças não com nossos olhos, mas sim com os de Deus. Aceitar a doença com resignação, com confiança e com a fé no Senhor levou Suzuki a se comportar diferentemente da grande maioria dos pacientes que é internada no hospital. Esse foi o grande diferencial reconhecido pela equipe.

Termino, lembrando-me da passagem da fé manifestada pela mulher pagã, que Mateus (15, 21-28) narra da seguinte forma:

Jesus partiu dali e retirou-se para os arredores de Tiro e Sidônia. E eis que uma cananeia, originária daquela terra, gritava: "Senhor, filho de Davi, tem piedade de mim! Minha filha está cruelmente atormentada por um demônio". Jesus não lhe respondeu palavra alguma. Seus discípulos vieram a ele e lhe disseram com insistência: "Despede-a, ela nos persegue com seus gritos". Jesus respondeu-lhes: "Não fui enviado senão às ovelhas da casa de Israel". Mas aquela mulher veio prostrar-se diante dele dizendo: "Senhor, ajuda-me". Jesus respondeu-lhe: "Não convém jogar aos cachorrinhos o pão dos filhos". "Certamente, Senhor", replicou-lhe ela; "mas os cachorrinhos ao menos comem as migalhas que caem da mesa de seus donos..." Disse-lhe, então, Jesus: "Ó mulher, grande é a tua fé! Seja-te feito como desejas". E na mesma hora sua filha ficou curada.

O novo coração do Duílio

Quase todas os dias, pacientes me procuram no Incor, para dizer as maravilhas que o Senhor vem lhes fazendo através da leitura dos meus livros, em especial o *Milagres que a medicina não contou*.

Sempre que posso os atendo, mas sempre tomando muito cuidado para não deixá-los abordar assuntos relacionados à saúde, para assim evitar quaisquer tipos de melindres que possam ocorrer com os meus colegas de hospital. Evito assim problemas éticos que certamente aconteceriam se ficasse consultando todos os que me procuram no hospital, fora do meu horário de consultas.

Um dia, cheguei um pouco apressado à minha sala e vi a Ester, minha assistente, toda eufórica, chamar-me no interfone dizendo:

– Doutor, um paciente do hospital, leitor de seus livros, ligou, pedindo-me que marcasse um horário para falar com o senhor, antes dele voltar para Manaus, cidade onde mora.

Prontamente me disse que não era consulta, mas que apenas queria conhecer-me pessoalmente e também que eu autografasse um dos seus livros.

Logo fui falando para a Ester:

– Por favor, não posso atender ninguém aqui, principalmente se já é paciente de algum médico do Incor, mas se for apenas para um autógrafo, peça para ele vir hoje na hora do almoço, pois estarei livre.

E assim foi. Ao meio-dia, entra na minha sala um casal; após as apresentações e cumprimentos o senhor foi logo falando:

– Doutor Roque, estou em São Paulo para fazer uma revisão da minha cirurgia. Hoje é 4 de outubro de 2005, e ontem dia 3 fez dois anos que fui submetido a um transplante de coração no Incor. Vim aqui, doutor, para dizer-lhe o quão importante foi para mim a leitura do seu livro *Milagres que a medicina não contou*, pois foi através dele que me aproximei de Deus e com Ele ganhei a coragem para fazer essa arriscada cirurgia.

Continuando a falar, o Duílio com a voz embargada e com os olhos mareados começou a contar-me a sua história, a qual ouvi com muita emoção, pois mais uma vez se comprovava que Deus, embora não seja responsável pelas doenças, nos visita na hora do sofrimento. Vejam o que ele me contou:

– *Quis fazer esse depoimento, pois em Manaus tive a oportunidade de conhecer seu livro,* Milagres que a medicina não contou, *através do meu cardiologista, Doutor Ronaldo Jackmont, e foi com essa leitura que um horizonte me abriu, dando-me uma força muito grande para enfrentar os problemas que viriam pela frente.*

Através do seu livro, doutor, comecei a ver que poderia conseguir atravessar as tribulações, se colocasse em Deus todas as minhas esperanças e expectativas.

As histórias narradas no livro me emocionaram e me sensibilizaram a acreditar que existe um Deus que é o nosso Pai e que olha por nós a todo momento e a todo instante. É só uma questão de pedir.

Depois que o Doutor Ronaldo indicou-me o seu livro, e após devorá-lo, resolvi enfrentar a cirurgia de transplante que era a única saída para a minha doença. Meu problema começou há dez anos quando tive vários infartos, com comprometimento importante do músculo cardíaco. Comecei a ter uma qualidade de vida muito ruim, muita falta de ar, inchaço nos pés, nas pernas e grande dificuldade para andar, falar, comer e dormir, embora tomasse uma enormidade de remédios o dia todo.

Várias internações aconteceram devido à descompensação do meu coração. Cheguei a um ponto em que o transplante era inevitável. Mas não tinha coragem de fazê-lo, pelo medo da rejeição e pelo risco enorme da cirurgia. O senhor não pode imaginar, doutor, o que passa na cabeça de uma pessoa que vai ser submetida a um transplante do coração. É uma ansiedade extrema, é um estado de incerteza que nos deixa incapaz de tomar decisões. Em um momento queria fazer o transplante, em outro queria era logo morrer, para evitar o sofrimento por que deveria passar.

Num desses momentos de desespero, durante uma consulta, o Doutor Ronaldo, que, como o senhor sabe, é evangélico, sugeriu-me que lesse o seu livro. A partir daí me fortaleci, ganhei coragem, perdi o medo e tive certeza do sucesso de tudo.

Preparei-me do ponto de vista físico, emocional e espiritual antes da cirurgia. Já era católico, daqueles que frequentam eventualmente as missas, mas sem muita convicção, sem muita fé. Após decidir-me pela cirurgia, no entanto, aprofundei-me mais na religião, resolvi entregar a Deus as minhas preocupações e o meu transplante de coração, pedindo-Lhe que me desse um coração literalmente novo: o Coração de Jesus.

Nessa época, minha esposa e eu resolvemos procurar seguir mais de perto os desígnios de Deus. Enquanto esperava o transplante, visitamos muitas comunidades religiosas em São Paulo, que comungaram com a minha luta, intercedendo continuadamente junto a Nossa Senhora que levasse a Seu Filho Jesus, todos os nossos pedidos. Rogávamos que Jesus me concedesse a graça de dar um coração físico novo, já que tinha o meu coração espiritual totalmente renovado através da misericórdia do Espírito Santo.

O apoio da família foi muito importante para o sucesso da minha cirurgia, pois sempre me senti amparado por todos os meus, sabendo também que estavam orando incessantemente por mim. A equipe médica de valor incontestável realizou um trabalho maravilhoso e certamente iluminado por Deus.

A cirurgia foi difícil, houve rejeição, mas sempre que alguma coisa acontecia, ao lembrar-me das histórias que o senhor contou no seu livro, sabia que não estava só, tinha a certeza que Deus estava comigo. Isso me dava forças para lutar contra a rejeição e para tolerar todos os medicamentos que tomava no hospital.

Hoje estou restabelecido do meu problema, convivo com a minha família e embora já estivesse sem esperança, voltei a trabalhar após cinco anos de licença médica. Hoje trabalho em atividade mais leve, sem estresse, e estou muito feliz com isso, pois sou novamente normal, tenho sonhos, tenho esperança, estou vivo novamente. Tudo isso ocorreu pela misericórdia e graça de Deus.

Através desses momentos de extrema angústia e incertezas entendi que não conseguimos nada sem a ajuda de Deus e que devemos colocar o Senhor como foco principal da nossa existência. Nossa vida é apenas uma passagem, devemos fazer o bem para as pessoas e servir a Deus.

Doutor, o seu livro realmente é uma bênção de Deus, pois, enquanto estava na fila de espera do transplante, em Manaus, conheci um senhor que estava esperando por um transplante de fígado. Ele estava deprimido, ansioso, desgostoso com a vida e desesperado. Ao vê-lo dei-lhe um exemplar do seu livro. Meses depois, ele me ligou dizendo que tinha sido submetido ao transplante com sucesso e que o livro também foi muito importante para ele, pois com a fé em Deus obteve a força necessária para enfrentar a operação.

A história do Duílio foi muito pedagógica. Mostra a importância da espiritualidade durante os atendimentos. Indiscutivelmente, o Ronaldo, meu caro amigo de Manaus, que sempre me recomenda pacientes daquele estado, pela sua formação evangélica, soube se compadecer do Duílio durante os momentos de grande angústia. Deixando-se guiar pelo Espírito Santo, fez um pouco mais pelo paciente. Além da sua extrema capacidade médica, teve a humildade de fazer que Duílio procurasse o Senhor, usando um instrumento que foi o meu livro.

Vejam só caríssimos(as), não houve necessidade de nenhum ato espalhafatoso, não se transformou o consultório em um púlpito religioso, apenas um ato de amor do médico, num momento de grande aflição do paciente, foi o suficiente para que Duílio ouvisse o chamado do Senhor, sempre presente nessas horas de sofrimento.

Assim como o Ronaldo, existem inúmeros colegas por esse Brasil afora que, num momento de grande compaixão com os pacientes, invocam o nome do Senhor pedindo a Sua Misericórdia. Eles não deixam de ser menos médicos por causa disso, muito pelo contrário, tornam-se médicos de verdade, curando o corpo, o psiquismo e o espírito.

Bibliografia

ANANDARAJAH, G.; HIGHT, E. Spirituality and medical practice: using the HOPE questions as a practical tool for spiritual assessment. *American Family Physician*, 63: 81-88, 2001.

ASTIN, J.A.; HARKNESS, E.; EDEZARD, E. The efficacy of "distant healing": a systematic review of randomized trials. *Annals of Internal Medicine*, 132(11): 903-910, 2000.

ASTROW, A.B.; PUCHALSKI, C.M.; SULMASY, D.P. Religion, spirituality, and health care: social, ethical, and practical considerations. *The American Journal of Medicine*, 110: 283-287, 2001.

AVEZUM, A.; PIEGAS, L.S.; PEREIRA, J.C. Fatores de risco associados com infarto do miocárdio na região metropolitana de São Paulo: uma região desenvolvida em um país em desenvolvimento. *Arquivos Brasileiros de Cardiologia*, 84: 3, 2005.

AVILLES, J.M.; WHELAN, E.; HERNKE, D.; WILLIAMS, B.A.; KENNY, K.E.; O'FALLON, M.; KOPECKI, S.L. Intercessory prayer and cardiovascular disease progression in a coronary care unit population: a randomized controlled trial. *Mayo Clinic Proceedings*, 76: 1.196-1.198, 2001.

AZARI, N.P.; NICKEL J.; WUNDERLICH, G.; NIEDEGGEN, M.; HEFTER, H.; TELLMANN, L.; et al. Neurocorrelates of religious experience. *European Journal of Neuroscience*, 13(8): 1.649-1.652, 2001.

BALLONE, G.J.; PEREIRA NETO, E.; ORTOLANI, I.V. *Da emoção à lesão*. Um guia de medicina psicossomática. São Paulo: Manole, 2002.

BAREFOOT, J.C.; HELMS, M.J.; MARK, D.B.; BLUMENTHAL, J.A.; CALIFF, R.M.; HANEY, T.L.; et al. Depression and long-term mortality risk in patients with coronary artery disease. *The American Journal of Cardiology*, 78: 613-617, 1996.

BARRICK, C.B. Sad, glad, or mad hearts? Epidemiological evidence for a causal relationship between mood disorders and coronary artery disease. *Journal of Affective Disorders*, 53: 2, 193-201, 1999.

BERKMAN, L.F.; SYME, S.L. Social networks, host resistance, and mortality: a nine-year follow-up study of Alameda County residents. *American Journal of Epidemiology*, 109: 186-204, 1979.

BERNARDI, L.; SLEIGHT, P.; BANDINELLI, G.; CENCETTI, S.; FATTORINI, L.; et al. Effect of rosary prayer and yoga mantras on autonomic cardiovascular rhythms: comparative study. *British Medical Journal*, 323: 1.446-1.449, 2001.

BÍBLIA SAGRADA. 131. ed. São Paulo: Ave Maria, 1999.

BLACK, P.H; GARBUTT, L.D. Stress inflamation and cardiovascular disease. *Journal of Psychosomatic Research*, 52: 1-233, 2002.

BRAAM, A.W.; BEEKMAN, A.T.; DEEG, D.J.; SMIT, J.H.; VAN TILBURG, W. Religiosity as a protective or prognostic factor of depression in later life: results from the community survey in the Netherlands. *Acta Psychiatrica Scandinavia*, 96: 199-205, 1997.

BRYANT, S.; RAKOWSKI, W. Predictors of mortality among elderly African-Americans. *Research on Aging*, 14: 50-67, 1992.

BYRD, R.C. Positive therapeutic effects of intercessory prayer in a coronary care unit population. *Southern Medicine Journal*, 81: 826-829, 1988.

CABRAL, S.B. Estudo prospectivo da ocorrência de quadros depressivos em pacientes submetidos a revascularização do miocárdio. *Revista de Psiquiatria Clínica*, 23: 1-3, 1996.

CARNEY, R.M.; FREEDLAND, K.E.; JAFFE, A.S.; FRASURE-SMITH, N.; FRANÇOIS LESPÉRANCE, F.; SHEPS, D.S.;

et al. Depression as a risk factor for post-MI mortality. *Journal of the American College of Cardiology*, 44(2): 472, 2004.

CARSON, J.W.; CARSON. J.W.; KEEFE, F.J.; GOLI, V.; FRAS, A.M.; LYNCH, T.R.; THORP, S.R.; BUECHLER, J.L. Forgiveness and chronic low back pain: a preliminary study examining the relationship of forgiveness to pain, anger, and psychological distress. *The Journal of Pain*, 6(2): 84-91, 2005.

CLARK, A.; SEIDLER, A.; MILLER, M. Inverse association between sense of humor and coronary heart disease. *International Journal of Cardiology*, 80(1): 87-88, 2001.

CLARK, K.M.; FRIEDMAN, H.S.; MARTIN, L.R. A longitudinal study of religiosity and mortality risk. *Journal of Health Psychology*, 4: 381-391, 1999.

COMSTOCK, G.W. Fatal arteriosclerotic heart disease, water hardness at home, and socioeconomic characteristics. *American Journal of Epidemiology*, 94: 1-10, 1971.

COMSTOCK, G.W.; PARTRIDGE, K.B. Church attendance and health. *Journal of Chronic Diseases*, 25: 665-672, 1972.

COMSTOCK, G.W.; TONASCIA, J.A. Education and mortality in Washington County, Maryland. *Journal of Health and Social Behavior*, 18: 54-61, 1977.

CULLIFOD, L. Spirituality and clinical care. *British Medical Journal*, 325: 1.434-1.435, 2002.

CURLIN, F.A.; HALL, D.E. Strangers or friends? a proposal for a new spirituality-in-medicine ethic. *Journal of General Internal Medicine*, 20: 370-374, 2005.

CURLIN, F.A.; LANTOS, J.D.; ROACH, C.J.; SELLERGREN, S.A.; CHIN, M.H. Religious characteristics of U.S. physicians. *Journal of General Internal Medicine*, 20: 629--634, 2005.

DAALEMAN, T.P.; NEASE, D.E. Patient attitudes regarding physician inquiry into spiritual and religious issues. *The Journal of Family Practice*, 39: 564-568, 1994.

DANKNER, R.; GOLDBERG, F.P.; FISCH, R.Z; CRUM, R.M. Cultural elements of postpartum depression. A study of 327 Jewish Jerusalem women. *The Journal of Reproductive Medicine*, 45(2): 97-104, 2000.

DOBBELS, F.; DE GEEST, S.; VANHEES, L.; SCHEPENS, K.; FAGARD, R.; VANHAECKE, V. Depression and heart: a systematic overview of definition, measurement, consequences and treatment of depression in cardiovascular disease. *European Journal of Cardiovascular Nursing*, 1: 45-55, 2002.

DUSEK, J.A., SHERWOOD, J.B., FRIEDMAN, R., et al. Study of the Therapeutic Effects of intercessory Prayer (STEP): study design and research methods. *American Heart Journal*, 143: 577-584, 2002.

EHMAN, J.W., OTT, B.B.; SHORT, T.H., et al. Do patients want physicians to inquire about their spiritual or religious beliefs if they become gravely ill?. *Archives of Internal Medicine*, 159: 1.803-1.806, 1999.

ELLIS, M.R.; VINSON, D.C.; EWIGMAN, B. Addressing spiritual concerns of patients: family physicians' attitudes and practices. *The Journal of Family Practice*, 48: 105--109, 1999.

ELLISON, C.G. Race, religion involvement and depressive syntomatology in a southeastern U.S. community. *Social Science & Medicine*, 40: 1.561-1.572, 1995.

EMANUEL, E.J.; EMANUEL, L.L. The promise of a good death. *The Lancet*, 351: 21-29, 1998.

EVERSON, S.A.; GOLDBERG, D.E.; KAPLAN, G.A.; COHEN, R.D.; PUKKALA, E.; TUOMILEHTO, J.; SALONEN, J.T. Hopelessness and risk of mortality and incidence of myocardial infarction and cancer. *Psychosomatic Medicine*, 58: 113-121, 1996.

FABRY, J.B.; FRANKL, V. *A busca do significado* – logoterapia e vida. São Paulo: ECE, 1984.

FERKETICK, A.K.; SCHWARTZBAUM, J.A.; FRID, D.J.; MOESCHBERGER, M.L. Depression as an antecedent to heart disease among women and men in the NHANES I study. National Health and Nutrition Examination Survey. *Archives of Internal Medicine*, 160(9): 1.261-1.268, 2000.

FRIEDLANDER, Y.; KARK, J.D.; STEIN, Y. Religious orthodoxy and myocardial infarction in Jerusalem: A case control study. *International Journal of Cadiology*, 10: 33-41, 1986.

FUTTERMAN, L.G; LEMBERG,L. Anger and acute coronary events. *American Journal of Critical Care*, 11(6): 574--576, 2002.

GAARDER, J. *O livro das religiões*. São Paulo: Companhia das Letras, 2005.

GARERI, P.; DE FAIO, P.; DE SARRO, G. Neuropharmacology of depression in aging and age-related diseases. *Ageing Research Reviews*, 1: 113-134, 2002.

GEORGE, L.K. Dignity and quality of life in old age. *Journal of Gerontological Social Work*, 29: 39-52, 1998.

GEORGE, L.K.; LARSON, D.B.; KOENIG, H.G., McCULLOUGH, M. Spirituality and health: state of the evidence. *Journal of Social and Clinical Psychology*, 19: 102-116, 2000.

GIANNOTTI, A. Prevenção da doença coronária: perspectiva psicológica em um programa multiprofissional. *Psicologia USP*, 13(1): 167-195, 2002.

GLASS, T.A.; DE LEON, C.M.; MOROTTOLI, R.A.; BERKMAN, L.F. Population based study of social and productive activities as predictors of survival among elderly Americans. *British Medical Journal*, 319: 478-483, 1999.

GLASMAN, A.H.; SHAPIERO, P.A. Depression and the course of coronary artery disease. *The American Journal of Psychiatry*, 155: 4-11, 1998.

GOLDMAN, N.; KORENMAN, S.; WEINSTEIN, R. Marital status and health among the elderly. *Social Science & Medicine*, 40: 1.717-1.730, 1995.

GOLDBOURT, U.; YAARI. S.; MEDALIE, J.H. Factors predictive of long-term coronary heart disease mortality among 10.059 male Israeli civil servants and municipal employees. *Cardiology*, 82: 100-121, 1993.

GUS, I.; HARZHEIM, E.; ZASLAVSKY, C.; MEDINA, C.; GUS, M. Prevalência, reconhecimento e controle da hipertensão arterial sistêmica no estado do Rio Grande do Sul. *Arquivos Brasileiros de Cardiologia*, 83: 424-428, 2005.

HARRIS, W.S., GOWDA, M.; KOLB, J.W.; STRYCHACZ, C.P.; VACEK, J.L.; JONES, P.G.; et al. A randomized, controlled trial of the effects of remote, intercessory prayer on outcomes in patients admitted to the coronary care unit. *Archives of Internal Medicine*, 159: 2.273-2.278, 1999.

HASSED, C.S. Depression: despiritized or spirituality deprived? *The Medical Journal of Australia*, 173(10): 545-547, 2000.

HAYS, J.C.; KRISHNAN, K.R.R.; GEORGE, L.K.; BLAZER, D.G. Age of first onset of bipolar disorder: demographic, family history, and psychosocial correlates. *Depression and Anxiety*, 7: 76-82, 1998.

HAYS, J.C.; LANDERMAN, L.R.; GEORGE, L.K.; FLINT, E.P.; KOENIG, H.G.; BLAZER, D.G. Social Correlates of the dimensions of late life depression. *Journal of Gerontology: Psychological Sciences*, 53(B); 31-39, 1998.

HELEN, H.H.; HAYS, J.C.; FLINT, E.P.; KOENIG, H.G.; BLAZER, D.G. Does private religious activity prolongs survival? A six-year follow-up study of 3.851 older adults. *Journal of Gerontology: Medical Sciences*, 55(7): M400-405, 2000.

HEBERT, R.S.; JENCKES, M.W.; FORD, D.E.; O'CONNOR, D.R.; COOPER, L.A. Patient perspectives on spirituality and the patient-physician relationship. *Journal of General Internal Medicine*, 16: 685-692, 2001.

HOUSE, J.S., ROBBINS, C., METZNER, H.L. The association of social relationships and activities with ortality: prospective evidence from the Tecumseh Community Health Study. *American Journal of Epidemiology*, 116: 123-140, 1982.

HUMMER, R.A.; ROGERS, R.G.; NAM, G.B.; ELLISON, C.G. Religious involvement and U.S. adult mortality. *Demography*, 36: 273-285, 1999.

JIANG, W. BABYAK, M.A.; ROZANSKI, A.; SHERWOOD, A.; O'CONNOR, C.M.; et al. Depression and increased myocardial ischemic activity in patients with ischemic heart disease. *American Heart Journal*, 146: 55-61, 2003.

JOYNT, K.E.; WHELLAN, D.J.; O'CONNOR, C.M. Depression and cardiovascular disease: mechanisms of interaction. *Biological Psychiatry*, 54(3): 248-261, 2003.

JUNG, C.G. *Psicologia da religião ocidental e oriental.* Petrópolis: Vozes, 1980.

KACZOROWSKI, J.M. Spiritual well being and anxiety in adults diagnosed with cancer. *The Hospice Journal*, 5: 105-116, 1989.

KANNEL, W.B.; WILSON, P.W.; NAM, B.H.; D'AGOSTINO, R.B. Risk stratification of obesity as a coronary risk factor. *The American Journal of Cardiology*, 90: 7, 697--701, 2002.

KANNEL, W.B.; D'AGOSTINO, R.B.; SULLIVAN, L.; WILSON, P.W.F. Concept and usefulness of cardiovascular risk profiles. *American Heart Journal*, 148(1): 16-26, 2004.

KARK, J.D.; SHEMI, G.; FRIEDLANDER, Y.; MARTIN, O.; MANOR, O.; BLONDHEIM, S.H. Does religious observance promote health? Mortality in secular vs religious kibbutzim in Israel. *American Journal of Public Health*, 86: 341-346, 1996.

KETTERER, M.W.; MAHR, G.; GOLDBERG, A.D. Psychological factors affecting a medical condition: ischemic coronary heart disease. *Journal of Psychosomatic Research*, 48(4-5): 357-367, 2000.

KEYES, R. Truth and healing: a time for hard questions. *Explore*, 1(4): 235-240, 2005.

KIECOLT-GLASER, J.K., MALARKEY, W.B.; CHEE, M.; NEWTON, T.; CACIOPPO, J.T.,MAO, H.Y.; GLASER, R. Negative behavior during marital conflict is associated with immunological down-regulation. *Psychosomatic Medicine*, 55: 395-409, 1993.

KLITZMAN, R.L.; DAYA, S. Challenges and changes in spirituality among doctors who become patients. *Social & Medicine*, 61: 2.396-2.406, 2005.

KOENIG, H.G.; FORD, S.M.; GEORGE, L.K.; MEADOR, K.G. Religion and anxiety disorder: an examination and comparison of associations in young, middle-aged and elderly adults. *Journal of Anxiety Disorders*, 7: 321--342, 1993.

KOENIG, H.G.; LARSON, D.B. Use of hospital services, religious attendence and religious affiliation. *Southern American Journal*, 9: 925-932, 1988.

KOENIG, H.G.; LARSON, D.B.; HAYS, J.C.; MCCULLOUGH, M.E.; GEORGE, L.K.; BRANCH, P.S.; MEADOR, K.G.; KUCHIBHATLA, M. Religion and survival of 1.010 male veterans hospitalized with medical illness. *Journal of Religion and Health*, 37, 15-29, 1998.

KOENIG, H.G.; GEORGE, L.K.; COHEN, H.J.; HAYS, J.C.; BLAZER, D.G.; LARSON, D.B. The relationship between religious activities and blood pressure in older adults. *International Journal of Psychiatry in Medicine*, 28, 189-213, 1998.

KOENIG, H.G.; GEORGE, L.K.; COHEN, H.C.; HAYS, J.C.; BLAZER, D.G.; LARSON, D.B. The relationship between religious activities and cigarette smoking in older adults. *Journal of Gerontology: Medical Sciences*, 53A: M418--M423, 1998.

KOP, W.J., KRANTZ, D.S.; HOWELL, R.H.; FERGUSON, M.A.; PAPADEMETRIOU, V.; LU, D. et al. Effects of mental stress on coronary epicardial vasomotion and flow velocity in coronary artery disease: relationship with hemodynamic stress responses. *Journal of American College of Cardiology*, 37: 1.359-1.366, 2001.

KRANTZ, D.S.; MCCENEY, M.K. Effects of psychological and social factors on organic disease: A critical assessment of research on coronary heart disease. *Annual Review of Psychology*, 53: 341, 2002.

KRUCOFF, M.W.; CRATER, S.W.; GALLUP. D.; BLANKENSHIP, J.C.; CUFFE, M.; GUARNERI, M. et al. Music, imagery, touch, and prayer as adjuncts to interventional cardiac care: the Monitoring and Actualisation of Noetic Trainings (MANTRA) II randomized study. *The Lancet*, 366: 211-217, 2005.

KUBZANSKY, L.D.; KAWACHI, I. Going to the heart of the matter: do negative emotions cause coronary heart disease?. *Journal of Psychosomatic Research*, 48: 4-5, 323-337, 2000.

LARCHET, J.C. *A teologia da doença*. Lisboa: Edições São Paulo, 1994.

LARSON, D.B.; GEORGE, L.K., & PETERSON, B.L. Religiosity and remission from depression in medically ill older patients. *American Journal of Psychiatry*, 155, 536-542, 1998.

LARSON, D.B.; GEORGE, L.K. Depression and physical disability outcomes in depressed medically ill hospitalized older adults. *American Journal of Geriatric Psychiatry*, 6, 230-247, 1998.

LARSON, D.B.; H.G.; IDLER, E.; KASL., E. Religion, spirituality, and medicine: a rebuttal to skeptics. *International Journal of Psychiatry in Medicine*, 29(2): 123-131, 1999.

LARSON, D.B.; GEORGE, L.K.; LARSON, D.B.; MCCULLOUGH, M.E.; BRANCH, P.S.; KUCHIBHATLA, M. Depressive Symptoms and nine-year survival of 1.010 male veterans hospitalized with medical illness. *American Journal of Geriatric Psychiatry*, 7: 376-382, 1999.

LARSON, D.B.; HAYS, J.C.; LARSON, D.B.; GEORGE, L.K.; COHEN, H.J.; MCCULLOUGH, M.E.; MEADOR, K.G.; BLAZER, D.G. Does religious attendance prolong survival? A six-year follow-up study of 3.968 older adults. *Journal of Gerontology: Medical Sciences*, 54A: M370--M376, 1999.

LARSON, D.B.; Religion, spirituality and medicine: application to clinical practice. *The Journal of American Medical Association*, 284(13): 1.708, 2000.

LARSON, D.B.; Religion, spirituality and medicine: how are they related and what does it mean. *Mayo Clinic Proceedings*, 76(12): 1.189-1.191, 2001.

LARSON, D.B.; MCCULLOUGH, M.E.; LARSON, D.B. *Handbook of religion and health.* Oxford University Press, 2001.

LARSON, D.B.; *Spirituality in patient care:* Why, how, when and what. Pensilvânia: Templeton Foundation Press, 2002.

LARSON, D.B.; COHEN, H.J. *The link between religion and health: psychoneuroimmunology and the faith factor.* Oxford University Press, 2002.

LARSON, D.B.; COHEN, H.J.; GEORGE, L.K.; HAYS, J.C.; LARSON, D.B.; BLAZER, D.G. Attendance at religious services, interleukin-6 and other biological indicators of immune function in older adults. *International Journal of Psychiatric in Medicine*, 27: 233-250, 1997.

LARSON, E.; WITHAM, L. Scientists are still keeping the faith. *Nature*, 3:435-435, 1977.

LEVIN, J. *God, Faith, and Health:* exploring the spirituality--health connection. Nova York: John Willey & Sons, 2001.

LEIBOVICI, L. Effects of remote, retroactive intercessory prayer on outcomes in patients with bloodstream infection: randomized controlled trial. *British Medical Journal*, 323: 1.450-1.451, 2001.

LYNCH, T.R.; MENDELSON, T.; ROBINS, C.J.; KRISHMAN, K.R.K.; GEORGE, L.K.; JOHNSON, C.S.; BLAZER, D.G. Perceived social support among depressed elderly, middle-aged, and young adult samples. *Journal of Affective Disorders*, 42, 212-218, 1999.

MACLEAN, C.D.; SUSI, B.; PHIFER, N.; SCHULTZ, L.; BYNUM, D.; FRANCO, M. et al. Patient preference for physician discussion and practice of spirituality. *Journal of General Internal Medicine*, 18: 38-43, 2003.

MARINO JR., R. *A religião do cérebro*. São Paulo: Gente, 2005.

MALTBY, J.; LIZA, D. Depressive symptoms as religion orientation examining the relationship between religiosity and depression within the context of othercorrelates of depression. *Personality and Individual Differences*, 28: 383-393, 2000.

MAUGANS, T.A.; WADLAND, W.C. Religion and family medicine: a survey of physicians and patients. *The Journal of Family Practice*, 32: 210-213, 1991.

McBRIDE, L.J. The family practice residency curriculum: is there any place for spirituality and religion?. *Family Medicine*, 31: 685-686, 1999.

McCULLOGH, M.E.; LARSON, D.B. Religion and depression: a review of the literature. *Twin Research*, 2: 126-136, 1999.

MILER, W.R. Researching the spiritual dimensions of alcohol and other drug problems. *Addiction*, 93: 979-990, 1998.

MOORE, R.D.; MEAD, L.; PEARSON, T.A. Youthful precursors of alcohol abuse in physicians. *The American Journal of Medicine*, 88: 332-336, 1990.

MUELLER, P.S.; PLEVAK, D.J.; RUMMANS, T.A. Religious involvement, spirituality and medicine: implications for clinical practice. *Mayo Clinic Proceedings*; 76: 1.225--1.235, 2001.

MYERS, D.G. On assessing prayer, faith, and health. *Reformed Review*, 53: 119-126, 2000.

MATTHEWS, K. A.; GUMP, B.B.; HARRIS, K.F.; HANEY, T.L.; BAREFOOT, J.C. Hostile behaviors predict cardiovascular mortality among men enrolled in the multiple risk factor intervention trial. *Circulation*, 109(1): 66-70, 2004.

MILLEN, B. E. et al. Dietary patterns, smoking, and subclinical heart disease in women: opportunities for primary prevention from the Framingham nutrition studies. *Journal of the American Dietetic Association*, 104(2): 208-214, 2004.

MIRANDA, E. E. *Corpo – território do sagrado*. São Paulo: Loyola, 2000.

NEWBERG, A.B.; ALAVI, A.; BAIME, M.; POURDEHNAD, M.; SANTANNA, J.; D'AQUILI, E. The measurement of regional cerebral blood flow during the complex cognitive task of meditation: a preliminary SPECT study. *Psychiatry Research Neuroimaging*, 106: 113--122, 2001.

NOBRE, F.; SERRANO JR., C. *Tratado de Cardiologia – SOCESP*. São Paulo: Manole, 2005.

OMAN, D.; REED, D. Religion and mortality among the community-dwelling elderly. *American Journal of Public Health*. 88: 1.469-1.475, 1998.

OXMAN, T.E.; FREEMAN JR., D.H.; MANHEIMER, E.D. Lack of social participation or religious strength and comfort as risk factors for death after cardiac surgery in the elderly. *Psychosomatic Medicine*, 57: 5-15, 1995.

PÉREZ-JIMÉNEZ, F.; LOPEZ-MIRANDA, J.; MATA, P. Protective effect of dietary monounsatured fat on aterioscIerosis: beyond cholesterol. *Atherosclerosis*, 163: 385-398, 2002.

PESSINI, L. *Ministério da vida*. São Paulo: Santuário, 2003.

PESSINI, L. *Vida, esperança e solidariedade*. São Paulo: Santuário, 2003.

PESSINI, L.; BERTACHINI, L. *Humanização e cuidados paliativos*. São Paulo: Loyola, 2004.

PICKERING, T.G.; DAVIDSON, K.; SHIMBO, D. Is depression a risk factor for coronary heart disease?. *Journal of the American College of Cardiology*, 44(2): 472-473, 2004.

PUCHALSKI, C.M.; LARSON, D.B. Developing curricula in spirituality and medicine. *Academic Medicine*, 73: 970--974, 1998.

PUCHALSKI, C.M.; LARSON, D.P.; LU, F.G. Spirituality in psychiatry residency training programs. *International Review of Psychiatry*, 13: 131-138, 2001.

PRIGERSON , H.G.; BIERHALS, A.J.; KASL, S.V.; REYNOLDS, C.F.; SHEAR, M.K.; DAY, N. et al. Traumatic grief as a risk factor for mental and physical morbidity. *American Journal of Psychiatric,* 154: 615-623, 1997.

RAMOS, D.G. *A psique do coração*. São Paulo: Cultrix, 1990.

ROSENBERG, E.; EKMAN, P.; JIANG, W.; BABYAK, M.; COLEMAN, R.E.; HANSON, M. et al. Linkages between facial expressions of anger and transient myocardial ischemia in men with coronary artery disease. *Emotion*, 1(2): 107-115, 2001.

ROBERT, L.; AHMED, I.; HALL, S. Intercessory prayer for the alleviation of ill health. *Cochrane Data Systems Review*. The Cochrane Library, Issue 4, 2001.

ROZANSKY, A.; BLUMENTHAL, J.A.; DAVIDSON, K.W.; SAAB, P.G.; KUBZANSKY, L. The epidemiology, pathophysiology and management of psychosocial risk factors in cardiac practice. *Journal of American College of Cardiology*, 45: 637-651, 2005.

SANTOS FILHO, R.; ROCHA MARTINEZ, T.L. Fatores de risco para doença cardiovascular: velhos e novos fatores de risco, velhos problemas. *Arquivos Brasileiros de Cardiologia*, 46(3): 212-214, 2002.

SCHOENBACH, V.J.; KAPLAN, B.H.; FREDMAN, L.; KLEINBAUM, D.G. Social ties and mortality in Evans County, Georgia. *American Journal of Epidemiology,* 123: 577-591, 1986.

SEEMAN, T.E., KAPLAN, G.A., KNUDSEN, L., COHEN, R., GURALNIK J. Social network ties and mortality among the elderly in the alameda County Study. *American Journal of Epidemiology,* 126: 714-723, 1987.

SHARMA, A.M. Obesity and cardiovascular risk. *Growth Hormone & IGF Research*, 13: S10-S17, 2003.

SLOAN, R.P.; BAGIELLA, E.; POWEL, T. Religion, spirituality, and medicine. *Lancet*, 353: 66-67, 1999.

SLOAN, R.P.; BAGIELLA, E. Religion and health. *Health Psycology*, 20: 228, 2001.

SOUSA, P.L.R.; TILMANN, I.A.; HORTA, C.L.; OLIVEIRA, F.M. A religiosidade e suas interfaces com a medicina, a psicologia e a educação. *Psiquiatria na Prática Médica*, 34(4), 2002.

STEPTOE, A.; FELDMAN, P.J.; KUNZ, S.; OWEN, N.; WILLEMSEN, G.; MARMOT, M. Stress responsivity and socioeconomic status. A mechanism for increased cardiovascular disease risk?. *European Heart Journal*, 23(22): 1.757-1.763, 2002.

STRAWBRIDGE, W.J.; COHEN, R.D.; SHEMA, S.J.; KAPLAN, G.A. Frequent attendance at religious services and mortality over 28 years. *American Journal of Public Health,* 87: 957-961, 1997.

STRIKE, P.C.; STEPTOE, A. Systematic review of mental stress-induced myocardial ischemia. *European Heart Journal*, 24: 690-703, 2003.

STRIKE, P.C.; STEPTOE, A.S. Psychosocial factors in the development of coronary artery disease. *Progress in Cardiovascular Diseases*, 46(4): 337-347, 2004.

SWAN, H.J.C. The Framingham Offspring Study: a commentary. *Journal of the American College of Cardiology*, 33(5): 1.136-1.140, 1999.

SWAN, H.J.C. The Framingham Offspring Study: a commentary. *Journal of the American College of Cardiology*, 35 (Suppl. B): 13-17, 2000.

TARTARO, J.; LUECKEN, L.J. Exploring heart and soul: effects of religiosity/sprirituality and gender on blood pressure and cortisol stress responses. *Journal of Health Psychology*, 10(6): 753-766, 2005.

THORNETT, A.M.; HETTIARATCHY S.; HEMSLEY C.; HOPKINS J.; BROWNNUTT M.J.; PRICE C.I.; LAGNADO M.; SCHWARTZ S.A.; BLACK S.L.; LEIBOVICI L. Effect of retroactive intercessory prayer. *British Medical Journal*, 3(24): 1.037, 2002.

TORP-PEDERSEN, C.; RASK-MADSEN, C.; GUSTAFSSON, I.; GUSTAFSSON, F.; KØBER, L. Diabetes mellitus and cardiovascular risk: just another risk factor?. *European Heart Journal*, Suppl. 5(F): F26-F32, 2003.

UCHINO, B.N.; CACIOPPO, J.T.; KIECOLT-GLASER, J.K. The relationship between social support and physiological processes: A review with emphasis on underlying mechanisms and implications for health. *Psychological Bulletin*, 119: 488-531, 1966.

VIEWEG, W.V.R.; DOUGHERTY, L.M.; BERNARDO, N.L. Mental Stress and the Cardiovascular System Part VI. Chronic Mental Stress and Cardiovascular Disease: Psychosocial Factors – environmental risk factors in coronary artery disease. *Medical Update for Psychiatrists*, 3(3): 82-85, 1998.

WINGARD, D.L. The sex differential in mortalily rates: demographic and behavioral factors. *American Journal of Epidemiology*, 115: 205-216, 1982.

WOLKENSTEIN, A.S. Spirituality in residency education: taking the next step. *Family Medicine*, 32: 159-160, 2000.

WOODS, T.E.; ANTONI, M.H.; IRONSON, G.H., KLING, D.W. Religiosity is associated with affective and immune status in symptomatic HIV-infected gay men. *Journal of Psychosomatic Research*, 46(2): 165-176, 1999.

WORTHINGTON JR., E.; WITVLIET, C.; LERNER, A.; SCHERER, M. Forgiveness in health research and medical practice. *Explore*, 1(3): 169-173, 2005.

ZAUCKERMAN, D.M., KASL, S.V., OSTFELD, A.M. Psychosocial predictors of mortality among the elderly poor: the role of religion, wellbeing, and social contacts. *American Journal of Epidemiology,* 119: 410--423, 1984.

Biografia

O autor é médico formado pela Faculdade de Ciências Médicas de Santos, Doutor em Cardiologia pela Faculdade de Medicina da Universidade de São Paulo e Diretor da Unidade de Saúde Suplementar do Instituto do Coração do Hospital das Clínicas da Faculdade de Medicina da Universidade de São Paulo.

Contatos com autor: roque.savioli@incor.usp.br

Home page: www.roquesavioli.com.br

Obras do autor publicadas pela Editora Gaia

MILAGRES QUE A MEDICINA NÃO CONTOU

Dr. Roque Marcos Savioli

160 páginas
20ª edição

ISBN 85-7555-027-6

Em uma linguagem simples e didática, este livro procura demonstrar o quanto a fé, a experiência de Deus e a sua graça produzem na vida das pessoas grandes milagres, que tanto recuperam a integridade física como também desenvolvem a saúde espiritual.

O milagre acontece quando a medicina chega ao seu limite. É o momento da intervenção direta de Deus que não é possível explicar com conceitos científicos.

Por meio do relato destas experiências, em especial do autor, doutor com especialização em cardiologia, o leitor irá descobrir como é grande o poder de Deus e que, mesmo que a medicina não conte, os milagres acontecem.

DEPRESSÃO: ONDE ESTÁ DEUS?

Dr. Roque Marcos Savioli

176 páginas ISBN 978-85-7555-030-4
10ª edição

A pergunta que o título deste livro encerra resume não apenas um rico conteúdo baseado na experiência científica e na fé do seu autor, médico cristão, mas, sobretudo, resume e expressa o espanto e o questionamento feito por todos aqueles que passam pela terrível experiência da depressão, ou que estejam passando por situações aparentemente insolúveis.

Segundo o autor, o ser humano precisa descobrir, com a máxima urgência, sua vocação para o alto. Por meio da fé, do preenchimento do vazio espiritual e moral, o livro é um apelo para a elevação espiritual e para a busca da cura interior, encontrando-se com Deus.

Por meio da transcrição de inúmeras cartas e *e-mails* muitas pessoas saíram de situações extremas e conseguiram ser mais felizes depois da leitura deste livro.

Impresso por :

Graphium
gráfica e editora

Tel.:11 2769-9056